Franz Wyniger

Vom Laborant zum Brauer
Plädoyer für die Berufsbildung

Franz Wyniger

Vom Laborant zum Brauer

Plädoyer für die Berufsbildung

Rediroma-Verlag

Bibliografische Information der Deutschen Nationalbibliothek:
Die Deutsche Nationalbibliothek verzeichnet diese Publikation in der Deutschen Nationalbibliografie; detaillierte bibliografische Daten sind im Internet über http://dnb.ddb.de abrufbar.

ISBN 978-3-96103-489-5

Illustrationen: Henk Wyniger

www.rediroma-verlag.de
7,95 Euro (D)

Inhaltsverzeichnis

Vorwort

Mindestens unter den Fachleuten ist der volkswirtschaftliche Nutzen der Berufsbildung in der Schweiz und in den angrenzenden Nachbarländern heute unbestritten. Vor allem die Schriften von Rudolf H. Strahm („Warum wir so reich sind“ und „Die Akademisierungsfalle“) haben in letzter Zeit ein grosses Publikum erreicht und für dieses Thema sensibilisiert. Seit sich jetzt sogar die amerikanische Regierung positiv über das Berufsbildungssystem der Schweiz geäussert hat und Gelder spricht, ist für noch mehr Publizität gesorgt worden.

In der Öffentlichkeit nur wenig bekannt ist die Tatsache, dass sich ausbilden auch für die Betriebe lohnt. Auch hier kann man auf fundierte wissenschaftliche Publikationen zurückgreifen.

Professor Stefan Wolters von der Universität Bern hat dazu mehrere Untersuchungen geleitet und deren Ergebnisse publiziert. (Die duale Lehre, eine Erfolgsgeschichte auch für Betriebe, 2012) Vermutlich werden diese Ergebnisse in Kreisen der ausbildenden KMUs und der Betriebe etwas vertuscht oder sie sind (noch) nicht zu ihnen durchgedrungen. Vielleicht sind auch die Ergebnisse nicht gerade förderlich für eine immer wieder vorgebrachte Forderung nach mehr Geld für die Berufsbildung. Sicher sind Begehrlichkeiten nach mehr Mitteln für die Berufsbildung und die berufliche Weiterbildung gerechtfertigt, nicht aber für die berufliche Grundbildung. Die rechnet sich nämlich für die Betriebe! Zudem sichern die Unternehmer ihre eigene Zukunft. Indem sie ihr Know-how an den Nachwuchs weitergeben, sorgen sie dafür, dass dieses Wissen nicht nur erhalten, sondern durch permanenten Wissenstransfer vergrössert wird. Und: In zahlreiche Betriebe bringen junge Berufseinsteiger frischen Wind, indem sie neue Fähigkeiten (Digitalisierung) einbringen, welche in Zukunft eine immer wichtigere Rolle spielen werden.

Volkswirtschaftlich gesehen ist die Berufsbildung von enormer Wichtigkeit. Gut ausgebildete Berufsleute finden beim herrschenden Strukturwandel der Wirtschaft eher einen neuen Job und belasten die Sozialwerke nicht.

Für die in der Schweiz zunehmende Anzahl der Menschen mit Migrationshintergrund sind Berufsausbildungen als Mittel zur besseren Integration in unsere Arbeitswelt und Gesellschaft sicher unersetzlich.

Mit der vorliegenden Schrift möchte der Schreibende mit „selbst Erlebtem“ aufzeigen, wie die Berufsbildung in der Praxis tatsächlich funktioniert und sich auf unsere Gesellschaft auswirkt und welchen Beitrag die berufliche Grundbildung für die heranwachsende Jugend leistet. Schliesslich landen in der Schweiz jedes Jahr immer noch etwa 70% der Schulabgängerinnen und Schulabgänger in einer Lehre. Der Autor zeigt anhand von ausgewählten eigenen Erlebnissen und Erfahrungen während seiner beruflichen Laufbahn, wie und wie stark sich unser duales Berufsbildungssystem auf die einzelnen Akteure und damit eben auch auf unsere Gesellschaft positiv auswirken kann.

Das Geschriebene erhebt überhaupt keinen Anspruch auf Wissenschaftlichkeit. Alle Episoden sind subjektiv und persönlich gefärbt.

Er selbst hat alle Rollen oder Positionen als Lehrling, Berufsfachschullehrer, Rektor einer Berufsfachschule und Leiter eines Amtes für Berufsbildung bekleidet und berichtet zum Abschluss seiner Berufslaufbahn von den positiven Seiten des Glücksfalls für die Schweiz, der Berufsbildung.

Diese Schrift ist unter anderem allen Eltern gewidmet, deren Kinder vor der Berufswahl stehen. Mein Rat an sie: Schliessen Sie eine Wahl für „nur“ eine Lehre nie aus! Sie hat so viele Vorteile. Sie fördert viele von vielen Menschen vernachlässigten Qualitäten wie die praktische und emotionelle Intelligenz, die Zuverlässigkeit, Exaktheit und das Verantwortungsbewusstsein. Dank des neuen Berufsbildungsgesetzes ist die Durchlässigkeit im System der Berufsbildung stark verbessert worden. So ist es heute möglich, nach einer erfolgreichen Lehre mit Berufsmatur und anschliessender einjährigen Passarelle an einer Universität zu studieren. Eine Lehre ist also keine Sackgasse!

Als der Schreibende zum Rektor einer Berufsfachschule gewählt wurde, erschien von ihm ein Bild in einer regionalen Zeitung zusammen mit seinem Lebenslauf. Eine Bekannte gratulierte ihm dann zu seiner Wahl, wünschte ihm viel Erfolg und schrieb so nebenbei: „Jetzt bin ich beruhigt. Unser Sohn macht nur eine Lehre als Hochbauzeichner. Dein Beispiel zeigt, man kann also auch mit nur einer Berufslehre noch etwas Rechtes werden."

Im folgenden Text werden männliche und weibliche Ausdrücke wie Lehrer, Rektorin, Lehrlinge etc. wahllos verwendet. Selbstverständlich sind immer beide Geschlechter gemeint.

Zum besseren Verständnis

Grafik 1

Das Bildungssystem der Schweiz

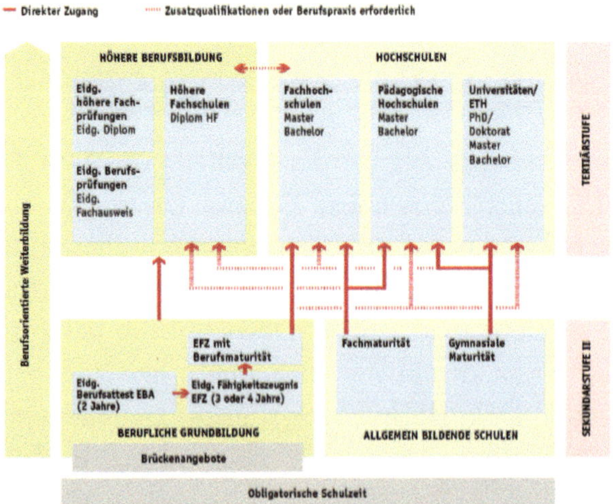

Quelle: SBFI / Die Volkswirtschaft

Jugendliche, welche in der Schweiz ein Lehrverhältnis beginnen, schliessen mit ihren Lehrgeschäften einen Lehrvertrag ab. Dabei handelt es sich um einen befristeten Einzelarbeitsvertrag, welcher im Obligationenrecht (OR) besonders geregelt ist. Mit Rücksicht auf die Schutzbedürftigkeit der lernenden Person verlangt er nach spezifischen gesetzlichen Vorschriften. Entsprechend gilt im Lehrverhältnis eine erhöhte Fürsorgepflicht des Arbeitgebers.

Die vorliegende Schrift befasst sich nur mit dem unteren Teil der Grafik, also der beruflichen Grundbildung. Sie umfasst die drei- oder vierjährigen Lehren und die im neuen Berufsbildungsgesetz geschaffenen Attestlehren mit einer zweijährigen Ausbildungszeit. Ebenfalls erwähnt wird die Berufsmaturität. Der ganze Bereich der höheren Berufsbildung mit den Höheren Fachschulen, den Berufsprüfungen, den höheren Fachprüfungen etc. wird hier ausgelassen. Nicht weil sich der Verfasser damit nicht beschäftigt hat, sondern weil es ganz einfach den Rahmen sprengen würde.

Die Vorlehre

Nein, so hatte ich mir das nicht vorgestellt!

Um acht Uhr mussten wir uns in der grossen Lagerhalle einfinden. Zusammen begannen mit mir gegen 50 neue Lehrlinge verschiedener Berufe eine Lehre in einem der damals noch vier grossen Chemiebetriebe in Basel.

Eine kurze Ansprache des damaligen Personalchefs folgte mit dem etwa so zusammengefassten Inhalt: Lehrjahre sind keine Herrenjahre ... Dann ging es schon ab mit dem Fassen der Arbeitskleidung. Für mich waren zwei blaue, noch ganz steife Überkleider reserviert. Das müsse ein Irrtum sein, glaubte ich. Schliesslich war mein Lehrberuf ja Chemielaborant! Auf allen Prospekten oder Bildern trugen Laboranten einen weissen Arbeitsmantel. So hatte ich es mir auch vorgestellt. Doch ich wurde eines Besseren belehrt und ich wurde von einer spanischen Gastarbeiterin abgeholt. Mein Arbeitsplatz sollte die nächste Zeit ein Abwaschtisch in einem Farbstofflabor sein. Das war ein riesiger Waschtrog, mit einer Bleifolie überzogen und einem Schwefelsäurebad mit Spritzflaschen gefüllt mit verschiedenen Lösungsmitteln.

Der Laborchef empfing mich freundlich und sagte mir, dass mein zukünftiger Lehrmeister noch bis Mittwoch in den Ferien sei und erklärte mir meine Arbeit. Ich sollte also das verschmutzte Geschirr der Versuche, welche die Chemiker und Laboranten durchführten, wieder sauber machen. In diesem Labor wurde nach neuen Farbstoffen für Textilien oder Kunststoffen geforscht. Diese Erlenmeyerkolben, Reagenzgläser, Sulfierkolben aus Glas waren zum Teil stark verdreckt und fast nicht sauber zu kriegen. So musste ich sie mehrere Stunden im Schwefelsäurebad einlegen und anschliessend mit heissem, fast kochendem Wasser ausspülen. Deshalb gab man mir ein säurefestes Überkleid, Gummihandschuhe und eine dicke Schutzbrille. Das Geschirr wurde bald wieder gebraucht und daher musste es so schnell wie möglich getrocknet werden. Meine Arbeitskollegin, die spanische Gastarbeiterin, zeigte mir den Trick. Mit heissem Wasser ausspülen und dann mit einer Spritzflasche mit Aceton spülen und verkehrt aufhängen. Und es roch erst noch verführerisch.

Der Tag kam mir unendlich lange vor! Meine Beine waren das Stehen nicht gewohnt und meine Moral sank ins Bodenlose. Nein, das konnte nicht mein zukünftiger Beruf sein!

Am Abend rief ich meine Eltern an und sagte ihnen, dass ich baldmöglichst wieder nach Hause kommen möchte, das hier sei nichts für mich. Sie haben mich überredet, doch mindestens die Woche durchzustehen, damit wir dann am Wochenende das Ganze in Ruhe besprechen könnten.

Ich wohnte damals zusammen mit etwa dreissig anderen auswärtigen Lehrlingen in einem Lehrlingswohnheim. Die Unterkunft war modern und für junge Menschen zweckmässig eingerichtet. Am Abend hatten wir natürlich viel zu reden und ich hörte, dass es anderen Anfängern nicht viel besser ergangen sei. Das half ein wenig.

Am Donnerstag kam dann mein eigentlicher Betreuer aus den Ferien zurück und ich wurde ihm in einem anderen, viel kleineren Labor mit einem Chemiker und einem Laboranten, eben meinem Lehrmeister, vorgestellt. Er war sehr freundlich, wollte wissen, woher ich komme, warum ich Laborant werden wolle etc.

Und er verschaffte mir einen immerhin braunbeigen Arbeitsmantel. In einem Farbstofflabor trage man keine weissen Arbeitsmäntel, die seien viel zu heikel, erklärte mir der Lehrmeister. Klar, auch in diesem Labor musste abgewaschen werden, aber nicht nur! Mir wurden verschiedene Arbeiten wie zum Beispiel das tägliche Eis holen aufgetragen, für das ich nun verantwortlich war. Viele Versuche mussten gekühlt werden und dazu wurde Eis gebraucht, manchmal sogar Trockeneis. Dieser überaus freundliche Empfang von meinem Lehrmeister und die übertragenen Aufgaben und die Verantwortung dafür haben dann bewirkt, dass ich abends wieder zu Hause anrief und gemeldet habe, dass wir die Aussprache am Wochenende über die Fortsetzung meiner Lehre verschieben könnten.

Meine Lehre bestand aus zwei Teilen. Da waren das einjährige Vorlehrjahr und dann die eigentliche Lehre von drei Jahren.

Eines der Ziele der Vorlehre war, dass man sich in diesem Jahr entscheiden konnte, welche Richtung als Laborant man einschlagen wollte. Es bestanden mehrere Möglichkeiten, wie Laborant in Richtung Synthese, Analyse, Richtung Physik, Richtung Textilien etc. Wir lernten die verschiedenen Richtungen kennen und hatten dann mehr oder weniger die Qual der Wahl. Man hatte auch bereits Unterricht. Der Freitag war Schultag. Wir wurden in das chemische Rechnen eingeführt und hatten auch ein Fach, welches mir unheimlich gefiel: Materialkunde. Wir lernten viel über die Materialien in einem Labor. Vor allem über Glas. Die Zusammensetzung, die Herstellung, die chemischen und physikalischen Eigenschaften. Das interessierte mich! Wir besuchten eine Glasbläserei und konnten uns eine ganze Woche mit Glasblasen beschäftigen. Im wahrsten Sinne des Wortes habe ich in dieser Woche begriffen, was Glas ist und welche Bedeutung es hat. Heute denke ich, dass dies für mich ein Schlüsselerlebnis war für meinen späteren Beruf als Lehrer. Ich erlebte, was es heisst zu „begreifen“!

Wie stolz war ich, als ich den selbst geblasenen Weihnachtsschmuck nach Hause brachte. Etwas unregelmässig, aber selbst gemacht!

Dass der Freitag Schultag war, habe ich nie vergessen. Am Freitag musste ich nämlich meine schmutzige Wäsche einpacken und sie zu Hause von der Mutter waschen lassen. So sind wir alle auswärtigen Lernenden dann jeweils mit vollbeladenen Reisetaschen oder Koffern in die Schule eingerückt.

Einige haben in diesem Vorlehrjahr auch aufgegeben. Sie haben festgestellt, dass ihre Berufswahl falsch war, dass sie den Anforderungen nicht gewachsen waren oder auch Chemikalienallergien waren die häufigsten Gründe. Ihnen wurde geholfen, andere Lösungen zu finden, und man begleitete sie am Anfang ihres neuen Berufsweges. Dafür gab es danach in der Lehre praktisch keine Vertragsauflösungen mehr. Heute ist die Zahl der Lehrvertragsauflösungen bei durchschnittlich 10%.

Für mich war dieses Vorlehrjahr ein Glücksfall. Ich lernte so viele Sachen, welche ich auch ausserhalb des Labors gebrauchen konnte und von denen ich noch heute im Alltag profitieren kann.

Dies war ein Gegensatz zu meiner Schulzeit, wo ich immer das Gefühl gehabt habe, dass man diese sicher nicht brauchen werde.

Ich lernte nicht nur Glasblasen wie vorher beschrieben, ich konnte auch mit Glas umgehen. Ebenso wurde mir der Umgang mit Giften und Gasen beigebracht. Alle haben in dieser Zeit den Nothelferausweis und das Lebensretter-Brevet bestanden. Natürlich musste ich auch immer aufräumen und das Labor putzen. Noch heute steigt mir der Geruch des Putzmittels für die Bleitische in die Nase, wenn ich daran denke, wie oft ich diese Tische mit Stahlwolle geschrubbt habe, bis sie glänzten wie neu.

Und noch einen Vorteil hatte das Vorlehrjahr für mich: Es machte mich neugierig auf die Berufsschule. Ich wollte endlich wissen, was da bei den unzähligen Versuchen, die ich begleiten, beobachten, kühlen und heizen durfte, vor sich ging. Ich konnte es kaum erwarten, bis ich in den Chemie- und Physikunterricht gehen durfte. Das war etwas ganz Neues bei mir, hatte ich doch gerade erst die Nase ganz voll gehabt von Schule und so!

Im Vorlehrjahr verdiente man den Lohn eines Hilfsarbeiters von 16 Jahren. Das waren damals etwa 600.- Franken. Damit konnte man leben. Ich musste davon leben können. Meine Eltern waren nicht begütert und ihre Sorge war gar am Anfang, dass sie mir bei meiner Ausbildung in der Fremde noch helfen müssten. Unterkunft und Verpflegung waren die Hauptposten meines Budgets. Dazu kamen das Billet für die Zugsfahrt am Wochenende nach Hause und das Wochenabonnement fürs Basler Tram. Mit 16 Jahren musste ich also schon lernen zu budgetieren und schauen, dass der Monat am Ende des Geldes nicht noch lange dauerte. Im ersten Lehrjahr dann ging der Lohn auf Fr. 400.- zurück. Die Umstellung war hart. Aber ich suchte mir ein günstiges Zimmer in der Stadt. Meine Mutter gab mir jeweils Proviant bis Mittwoch mit, ich hatte keine Tramkosten mehr und wenn es dann gar nicht mehr ging, öffnete Vater am Sonntag das Portemonnaie.

Das Vorlehrjahr wurde abgeschafft. Es gab Kritik von verschiedenen Seiten. Es sei Ausbeutung der Jungen, völlig unnötig, man verliere Zeit, waren die Hauptargumente der Gegner. Etwas mag daran stimmen, doch die Zahl der Lehrabbrüche in anderen Berufen während der Lehre stieg an. Trotzdem fand ich es für mich eine gute Sache und würde es für anspruchsvolle Berufe heute wieder empfehlen.

Die Berufswahl

Wie kam ich eigentlich dazu den Beruf eines Chemielaboranten zu wählen? Rückblickend war es bei mir eine einfache Sache. Im dritten Jahr der Bezirksschule im Kanton Solothurn kamen zwei Fächer zur Stundentafel neu dazu, die mich interessierten: Chemie und Physik. Mit diesem Stoff konnte ich etwas anfangen! Mit dem damals im Handel kaufbaren Unkrautvertilger und etwas Zucker bastelte ich meine ersten Vulkane und liess sie nicht nur am 1. August steigen. Dass es in diese Richtung gehen würde, war mir früh klar.

Eigentlich wäre es das Einfachste für mich gewesen, weiter zur Schule zu gehen. Ich war kein schlechter Schüler, mit etwas mehr Fleiss und Vorbereitung hätte ich die Aufnahmeprüfung in die Kantonsschule wohl geschafft. Aber ich hatte genug von der Schule! Dazu kam, dass ich die Möglichkeit sah, von zu Hause wegzukommen. Als Nachzügler, meine Eltern waren damals schon weit über fünfzig, wurde es mir zu Hause zu eng. Mein um fünfzehn Jahre älterer Bruder hatte noch versucht mich umzustimmen. Er wollte mir seinen beruflichen „Umweg“ ersparen und mich motivieren, direkt in die Mittelschule einzusteigen. Er hatte die Handelsschule absolviert mit anschliessendem Praktikum in der Industrie. Danach hat er die Matura nachgeholt und dann studiert. Doch er hatte keine Chance. Ich wollte weg!

Auch meine Eltern versuchten es. Sie schickten mich in die Berufsberatung. Vielleicht konnte der Berufsberater mich ja umstimmen oder mir einen Beruf vorschlagen, damit ich nicht von zu Hause ausziehen musste.

Ein Schulfreund von mir war ein paar Tage vor mir bei der Berufsberatung gewesen und hatte mir von den Tests erzählt, welche er durchlaufen musste. Leseverständnis, Wortschatzübungen und ein paar technische Fragen wurden da getestet. Eine dieser Aufgaben war knifflig, er hatte sie mir dargelegt und wir hatten sie zusammen gelöst. Bei meinem Besuch beim Berufsberater habe ich die exakt gleiche Aufgabe erkannt und sie im Nu gelöst. Er staunte nicht schlecht und schrieb dann in seinen Bericht über mich: „Er hat eine rasche Auffassungsgabe und stellt pfiffige Überlegungen an."

Schon damals habe ich mir überlegt, was das sollte. Mein Wunsch war ja klar, erhalten habe ich dann nur eine Bestätigung, dass Laborant etwas sein könnte, was zu mir zu passen schien.

Heute stelle ich mir angesichts des enormen personellen und finanziellen Aufwandes, der von der Berufsberatung Jahr für Jahr für die Erteilung von Rat und Auskunft in Fragen der Berufswahl sowie für die Vermittlung von Ausbildungsstellen aufgewendet wird, die Frage nach deren Wirkung und Nutzen. Ausser Frage ist für mich die Notwendigkeit der beruflichen Neuorientierung und Aufklärung in Fällen von Berufswechseln für Erwachsene. Da kommen Menschen, die motiviert sind, die hören und wissen wollen, welche Möglichkeiten vorhanden sind. Bei den Jugendlichen habe ich oft feststellen müssen, dass es da nicht wenige gibt, denen der Gang zur Berufsberatung von ihrem Umfeld oder einer Institution nahegelegt wurde und die das nötige Interesse gar nicht mitbringen. Dementsprechend schwierig gestaltet sich dann so eine Beratung aus Sicht der Beratenden.

Keine Freunde mache ich mir mit Sicherheit bei einigen Kreisen, wenn ich den Nutzen der in letzter Zeit in Mode gekommenen Berufsschauen kritisch hinterfrage. Sie sind wohl gut gemeint und haben zwar den ganzen Bereich der Berufsbildung einer grossen Öffentlichkeit bekannt gemacht. Sie sind aber meiner Meinung nach vor allem zu einer staatlich subventionierten Ausstellung für Gewerbe und Betriebe geworden. Selbstverständlich ist man in Politikerkreisen dafür, denn in Rahmenprogrammen kann man mit einer Präsenz einige

Stimmen für die nächste Wahl sammeln, da man sich ja für die Berufsbildung einsetzt!

Schon gar nichts anfangen kann ich mit der Forderung einzelner Politiker, der Besuch einer Berufsschau gehöre in den obligatorischen Lehrplan für Abschlussklassen. Schon jetzt werden aus den entferntesten Dörfern mit Reisecars „motivierte" Schülerinnen und Schüler herangekarrt, nicht zuletzt, um neue, noch höhere Besucherzahlen bekannt geben zu können.

Die Universität Bonn hat zu der Frage „Wer beeinflusst eigentlich die Berufswahl?" anfangs des Jahrtausends eine Studie durchgeführt. Vier Gruppen spielen hier signifikante Rollen: Die Eltern/Verwandten, die Lehrerinnen und Lehrer, Freunde und Freundinnen und der Name oder das Sozialprestige eines Berufes sind die am meisten genannten Faktoren für die Berufswahl. Wie klingt der Name des Berufes? Wie reagieren meine Freunde, wenn ich sage: „Ich lerne ...". Diese Fragen sind also wichtiger, laut dieser Untersuchung, als das, was der Berufsberater meint.

Ein bisschen so war es ja auch bei mir. Weiter in die Schule kam nicht infrage, also musste es etwas sein, das interessant tönte. Ich kam von zu Hause weg in die Stadt, auch gut. Und auf den Fotos, die ich vom Laborantenberuf gesehen hatte, trugen alle Abgebildeten einen weissen Laborkittel!

Die Lehre

Ich entschied mich bei der Wahl der Richtung als Laborant für die Synthese. Irgendwie lag es mir näher, etwas Neues zu erforschen, als zu rekonstruieren, woraus sich etwas zusammensetzt, oder gar etwa die Richtung Biologie zu wählen mit der ganzen Tierversuchsdiskussion.

Im ersten Lehrjahr musste ich in ein anderes Labor wechseln und erhielt natürlich auch einen anderen Lehrmeister. Wir stellten Substanzen in grösseren Mengen her, welche sich in ersten Tests bewährt hatten. Die Versuche mussten peinlichst genau protokolliert werden, damit sie dann in der Produktion nach unseren Protokollen nachgekocht werden konnten. Mein damaliger Lehrmeister war unerbittlich und trieb mich manchmal fast in den Wahnsinn. Mehrmals musste ich einzelne Protokolle schreiben, bis er zufrieden war und er es weitergeben konnte. Nachträglich muss ich sagen, wie dankbar ich ihm später gewesen bin, dass er mich eines lehrte: Exaktheit. Auf ein Hundertstel genau abwägen, absolut sauber und hygienisch arbeiten, Zeiten und Temperaturen exakt einhalten und dann eben alles so zu protokollieren, dass es andere nachmachen können.

So genau es mein Lehrmeister mit der Arbeit nahm, so freundlich und einfühlsam war er als

Mensch. Auch ich war damals in der Pubertät und hatte so meine Probleme. Er merkte es sofort, wenn es mir nicht gut ging, und ich konnte mit ihm über alles sprechen und er hat mich oft aufgefangen. Er war nicht viel älter als ich und konnte mich gut verstehen. Ich bin mir nicht sicher, ob ich damals mit meinen Eltern über diese Dinge gesprochen hätte, ich glaube eher nicht.

Die Berufsschule fiel mir leicht. Ich war eben interessiert! Und: Was ich da zum Beispiel in der organischen Chemie lernte, konnte ich im Labor gebrauchen. Aber auch das Fach Allgemeinbildung gefiel mir, das Interesse für Politik wurde bei mir geweckt. Besonders ein Lehrer hatte es mir angetan. Er war zwar wegen seines Engagements als Politiker in Bern nur selten da. Wenn aber nicht Session war, verstand er es, uns an aktuellen Themen aufzuzeigen, wie etwa ein Gesetz entsteht, was Vernehmlassungen bedeuten und wer entscheidet und wo die eigentlichen Entscheidungen gefällt werden. Er wurde später Bundesrat. Nur mit der damals noch im Lehrplan stehenden doppelten Buchhaltung stand ich auf Kriegsfuss. Wieder einmal fragte ich mich, was das sein sollte. Ich machte ja nicht eine Lehre als Kaufmann!

Stundenausfälle gab es an der Berufsschule selten bis nie. Wenn Lehrkräfte erkrankten, waren

Stellvertretungen organisiert oder man wurde ins Geschäft zurückgeschickt, ins Labor. Der Lehrmeister war orientiert, wir bemerkten, dass Schule und Lehrgeschäft eng zusammenarbeiteten und kamen gar nicht auf die Idee, die Situation auszunützen.

Im zweiten Lehrjahr gab es wieder einen Laborwechsel. Dort wurde versucht, ein Zwischenprodukt für besondere Farbstoffe, welches teuer eingekauft werden musste, selbst kostengünstiger herzustellen.

Neben der chemischen Arbeit wurde ich also nun mit dem Faktor der Wirtschaftlichkeit in der Industrie konfrontiert. Solche Zusammenhänge hatte ich bis jetzt noch nicht kennengelernt und sie waren mir fremd gewesen. Sie erweiterten mein Verständnis ungemein und verstärkten mein Interesse.

In diesem Lehrjahr verunfallte mein Lehrmeister und ich arbeitete mit dem Laborchef, einem Chemiker, eng zusammen. Das bedeutete für mich Verantwortung übernehmen. Er liess mir grosse Freiheiten bei der Arbeit und ich freute mich über sein Vertrauen in mich. Ich durfte Versuche ansetzen, die eigentlich nur ausgelernte Laboranten ausführen durften, weil die Substanzen derart giftig oder sehr teuer waren. Diese konnte ich selbstständig planen, mit dem Chemiker besprechen und dann durchführen. Geregelte Arbeitszeiten gab es in dieser Phase für mich selten. Ich hatte eine Aufgabe in diesem Labor! Die wurde ausgeführt, ob es nun Feierabend war oder nicht. Am meisten gefiel es mir, wenn ich in die grösseren Zusammenhänge mit einbezogen worden bin. Manchmal wollte ich auch lieber nicht in die Gewerbeschule, die Arbeit interessierte mich damals mehr!

Höhepunkt in diesem Jahr war für mich der Einkauf der ersten Rechenmaschine für unser Labor. Alle der nicht wenigen Berechnungen in den Labors wurden damals mit der Rechenscheibe oder dem Rechenschieber gelöst. In der Berufsschule hörten wir, dass es jetzt Rechenmaschinen auf dem Markt gäbe, welche die mathematischen Grundoperationen bis acht Stellen nach dem Komma beherrschten. Ich erzählte meinem Laborchef davon. Er war begeistert, beschaffte mir Fr. 1000.- in bar um eine solche Wundermaschine zu kaufen. Er hatte die Vollmacht, Geräte bis Fr. 2000.- zu erstehen. Ich durfte also damals los und kaufte so eine Maschine in einem Geschäft an der Clarastrasse in Basel. Sie wog mindestens zwei Kilo und sie schaffte es tatsächlich, uns den Alltag im Laboralltag zu erleichtern.

Ein paar Wochen musste ich im sogenannten Kilolabor arbeiten. In diesem Labor wurden die gelungenen Versuche aus den Labors mit grösseren

Mengen ausprobiert und für die Produktion tauglich gemacht. Das hiess, wir arbeiteten hier nicht wie im Labor mit 30 oder 50 Gramm, hier arbeitete man mit Versuchen von zum Teil hundert Kilogramm. Natürlich waren die Gefässe entsprechend gross und die Leitungen und Schläuche entsprechend dick. Um die Flüssigkeiten abzusaugen und zu transportieren brauchte man kräftige Pumpen, mit denen man umzugehen hatte. Interessant war in diesem Labor, wie Versuche mit 100 Gramm problemlos gelangen und mit 100 Kilogramm nicht! Manchmal lag es nur an Kleinigkeiten oder das Protokoll war ungenau geschrieben.

Im dritten Lehrjahr wurde ich in ein Labor versetzt, in dem ein junger Chemiker frisch von der Universität mit einem neu eingestellten Chemotechniker aus Berlin arbeitete. Das Labor war nur dürftig eingerichtet und unsere Aufgabe war es, das Labor so einzurichten, dass man da auch umfassend arbeiten konnte. Der Chemotechniker hatte seine Ausbildung an einer Schule absolviert und hatte wenig Ahnung, was ein Labor alles an Einrichtung braucht, um da auch forschen zu können. Wir erhielten einen Kredit und durften bestellen. Eigentlich war ich es, als „Drittlehrjahrstift“, der das Labor einrichtete, Rotationsverdampfer, Gaschromatographen und so weiter bestellte und den Chemotechniker in die Arbeitsabläufe einführte. Ein wenig wurmte es mich schon, dass ich mit meinem Lehrlingslohn die Verantwortung übernommen hatte und er mit dem Lohn eines Laboranten für mich wie ein Lehrling arbeitete.

Wir arbeiteten dann an der Entwicklung von Katalysatoren, also an Substanzen, welche eine chemische Reaktion ermöglichen, beschleunigen oder verlangsamen können. Der Erfolg eines Chemikers wird an seinen neuen Produkten oder an seinen wissenschaftlichen Publikationen gemessen. Der junge Chemiker hatte noch nicht viel dergleichen aufzuweisen und wir hatten ein Verfahren ausgearbeitet, welches eine erste Publikation von ihm hätte sein können. Die Arbeit war spannend und wieder hatte das Interesse mich auch gepackt. Eines Tages kam der Laborchef erst spät zur Arbeit und war ziemlich niedergeschlagen. Er erzählte uns, dass genau unser Verfahren an einer holländischen Universität auch verfolgt wurde und jetzt eben in einer Fachzeitschrift publiziert worden sei! Ein gutes halbes Jahr Arbeit von drei Personen war über Nacht nun zunichte gemacht worden. Welche Enttäuschung!

Sonst war das dritte Lehrjahr geprägt von der Vorbereitung auf die Lehrabschlussprüfung. Ich hatte Glück! Ein Laborant aus Deutschland, welcher sich im Fernstudium zum Chemiker selbst in Ausbildung befand, bereitete mich optimal auf die

Prüfung vor. Eine Abschlussprüfung wurde simuliert und dann mit Experten besprochen. Defizite wurden aufgearbeitet und es wurde alles getan, um uns bestens auf die Lehrabschlussprüfung vorzubereiten.

Sie verlief dann auch für mich positiv und ich schloss meine Lehre mit Auszeichnung, es hiess damals „im Rang“, ab.

Die Personalabteilung unterbreitete mir darauf einen Vertrag als Laborant für die Weiterbeschäftigung in der Firma, mit dem Angebot, mir die bevorstehende Rekrutenschule teilweise zu finanzieren. Dankbar nahm ich an.

Ich machte mir damals natürlich keine Gedanken, was das auch für meine Lehrfirma bedeutete. Laboranten waren gesuchte Fachleute. Hätte ich das Angebot ausgeschlagen, hätte die Firma auf den Stellenmarkt gehen müssen, Auswahlverfahren durchführen, Einarbeitungszeiten vorsehen müssen etc. Nicht auszudenken, welche Kosten auf die Firma zugekommen wären, wenn gar eine falsche Person angestellt worden wäre! Bei mir konnten sie sicher sein, dass es klappt, sie kannten mich ja seit vier Jahren und in der Firma brauchte ich keine Einarbeitungszeit.

Inzwischen hatte ich dann auch die Prüfung zum damaligen Technikum (heute Fachhochschule) bestanden, schob den Studienbeginn wegen der anstehenden Rekrutenschule um ein Jahr hinaus und freute mich auf das Studium zum Chemiker HTL.

Wer nun glaubt, meine Lehre sei einfach für mich gewesen, irrt. Meinen frühen Weggang von zu Hause hatte ich zwar unbedingt gewollt, ich stellte aber ziemlich bald fest, dass es in der Stadt anders zu- und her ging als im Dorf. Meine Freunde, das ganze Umfeld habe ich zurückgelassen. Wie oft habe ich meine Entscheidung damals bitter bereut, wenn ich jeweils am Sonntagabend mit dem Zug in Richtung Basel fuhr. Nur Dank meiner Lehrmeister und sonstiger Bezugspersonen habe ich es trotzdem geschafft und ich bin allen sehr dankbar, dass sie mir in irgendwelcher Form geholfen haben, diese nicht ganz leichte Zeit zu überstehen.

Auf der anderen Seite habe ich einen anspruchsvollen Beruf gelernt, welcher viel Sachwissen und Fertigkeiten beinhaltet. Ich habe ein Fähigkeitszeugnis, mit dem ich mich überall bewerben kann und das mir Tür und Tor für eine Weiterbildung öffnet.

Daneben habe ich sehr viel profitiert und früh Erfahrungen gesammelt, wie ich sie kaum an einer

Schule und behütet zu Hause hätte erleben können. Mein Aufenthalt in der Fremde hat mich selbstständig gemacht in vielerlei Hinsicht, meine Lehre hat mich gelehrt, wie wichtig es ist, zusammen zu arbeiten, Verantwortung zu übernehmen, exakt und pünktlich zu werden und zu erfahren, dass es ohne etwas zu tun eben auch nichts Richtiges gibt. Heute redet man von praktischer und emotionaler Intelligenz. Ich nenne es lieber „Lebensfähigkeit".

Übrigens: An unserer Lehrabschlussfeier beschlossen ein paar Kollegen zu vorgerückter Stunde, dass wir uns später einmal treffen sollten um zu schauen, was aus uns geworden sei. Zehn Jahre wollten wir ins Land gehen lassen und setzten den Termin gleich auf den 10. April 1980 im Restaurant des Eiffelturms im ersten Stock fest. Um 10.00 Uhr am Morgen waren alle acht, die damals die Idee hatten, anwesend! Nur noch einer arbeitete damals als Laborant! Alle anderen waren inzwischen in anderen Berufsfeldern tätig.

Wir waren damals einem heutigen Trend etwas voraus, denn die Zahl der Personen, die irgendwann den Beruf wechseln, nimmt zu. Dies zeigen die Statistiken der Volkszählungen der letzten 40 Jahre, in welchen diese Zahlen ermittelt wurden. Die formale Ausbildung einer Person bestimmt also immer weniger, was sie später arbeitet. Hauptgrund für diesen Trend dürfte die Wandlung des Arbeitsmarktes hin zu Dienstleistungsberufen sein.

Für mich bedeutet diese Tatsache in Bezug auf die Berufswahl noch etwas ganz anderes: Es ist gar nicht so wichtig, welchen Beruf man lernt! Hauptsache man kennt das Berufsfeld, in welchem man tätig sein möchte und sucht in diesem Bereich eine Lehrstelle. Viele geben bei der Berufswahl auf, weil sie keine Lehrstelle in ihrem „Wunschberuf“ finden. Suchen sie einen verwandten Beruf, da sind die Chancen grösser, eine Lehrstelle zu finden!

Als Lehrer

> Wahrscheinlich gibt es nicht viele Berufe, an die die Gesellschaft so widersprüchliche Anforderungen stellt:
>
> Gerecht soll er sein, der Lehrer, und zugleich menschlich und nachsichtig, straff soll er führen, doch taktvoll auf jedes Kind eingehen. Begabungen wecken, pädagogische Defizite ausgleichen, Suchtprophylaxe und Aufklärung betreiben, auf jeden Fall den Lehrplan einhalten, wobei hochbegabte Schüler gleichermassen zu berücksichtigen sind wie begriffsstutzige.
>
> Mit einem Wort: Der Lehrer hat die Aufgabe, eine Wandergruppe mit Spitzensportlern und Behinderten bei Nebel durch unwegsames Gelände in nordsüdlicher Richtung zu führen, und zwar so, dass alle bei bester Laune und möglichst gleichzeitig und an drei verschiedenen Zielorten ankommen.
>
> Peter Bichsel

Peter Bichsel war ursprünglich Primarlehrer und hat diesen Berufsauftrag auch für Primarlehrer geschrieben, weil er selbst genau das erlebt und erfahren hat. Ich habe ihn als Kollegen erlebt, als er in einer kleinen Gemeinde tätig war. Weil in diesem Dorf keine Turnhalle vorhanden war, kam er jeweils, wenn schlechtes Wetter war, in die Nachbarsgemeinde, wo ich inzwischen als Praktikant und Stellvertreter tätig war, mit seiner Klasse in unsere Turnhalle zum Sportunterricht und wir haben uns dann in den Pausen über die Anforderungen als Lehrkräfte unterhalten. Später wurde ich Berufsschullehrer und ich finde, dass dieser Lehrauftrag genauso auch auf Berufsschullehrkräfte übertragbar ist. Auf dieser Stufe treffen sich in derselben Klasse ehemalige Gymnasialschüler mit Absolventen der Volksschule und erhalten den gleichen Lehrstoff vorgesetzt. Das ist eine grosse Herausforderung für die auf dieser Stufe unterrichtenden Lehrkräfte.

Mit Peter Bichsel hatte ich später noch einmal eine Begegnung. Ich hatte ihn als Seminarist, wie vorher beschrieben, kennengelernt. Ich war damals noch in der Ausbildung und die Abschlussprüfungen standen mir noch bevor. Auch die im Fach Literatur. Drei Werke von Schriftstellern mussten gelesen und interpretiert werden können. Die Prüfung bestand aus einem zwanzigminütigen, mündlichen Gespräch mit dem Deutschlehrer und einem Prüfungsexperten. Peter Bichsel war „mein“ Experte! Er begrüsste mich mit einem Du, was den ehrwürdigen Deutschprofessor gelinde gesagt sehr irritierte. Das konnte doch nicht sein, dass ein Prüfling mit dem Experten per Du war! Item, Bichsel hat mich dann aber voll zwanzig Minuten über „Der gute Mann von Sezuan“ von Bertold Brecht ausgequetscht.

Aus meinem Zwischenjahr als Laborant, unterbrochen durch die Rekrutenschule, wurde nichts. Eine schwere Sportverletzung bedeutete, dass ich die Rekrutenschule nicht absolvieren konnte und ich bereits am ersten Tag der RS wieder entlassen wurde.

Es herrschte akuter Lehrermangel damals und man überlegte sich, wie man ihm begegnen könnte. Man hatte früher bereits gute Erfahrungen mit Berufsleuten gemacht, welche man umschulte und zu Primarlehrern ausbildete. Auch ich erfuhr von diesem Angebot und es reizte mich trotz meines Interesses an der Chemie. Ich entschied mich in diesem Wartejahr bis zum Technikum zu diesem Schritt.

Fast wäre ich in diesem Zwischenjahr auf meinen Entschluss, in den Lehrerberuf zu wechseln, zurückgekommen. Ein Chemiker, mit dem ich zusammen gearbeitet hatte, erhielt in dieser Zeit ein Angebot einer Universität in Chicago. Er erhielt das Recht, einen Assistenten mitzunehmen. Darum fragte er mich, ob ich nicht mit ihm in die USA kommen wolle. Das Angebot war verlockend! Die Entscheidung kostete mich einige

Nächte, in denen ich nicht schlafen konnte und die Vor- und Nachteile abwägte. Schliesslich sagte ich ihm schweren Herzens ab. Ich hatte damals wohl nicht den Mut, wieder die gewohnte Umgebung aufzugeben und in der Fremde wieder neu anzufangen. Natürlich habe ich mich öfters schon gefragt, was wohl aus mir geworden wäre, wenn ich dieses Angebot angenommen hätte!

Meine Ausbildung zum Primarlehrer

Noch immer ist es mir ein Rätsel, warum man den Bedarf an Primarlehrkräften nicht genauer planen kann. Sieben Jahre lang sind die Daten der Neugeborenen bekannt, zugezogene Kinder sind auch erfasst, also sollte man eigentlich annehmen, dass da eine Planung von Klassen mitsamt ihrer Lehrkräfte in etwa machbar sein sollte! Gut, einige Parameter sind schon noch zu berücksichtigen. Zu meiner Zeit waren es die Abgänge von Lehrerinnen und Lehrern in die Wirtschaft. Sie sind breit ausgebildet und können vielfältig eingesetzt werden. Dies hatte in dieser boomenden Zeit manch eine oder einen dazu bewogen in der Privatwirtschaft einzusteigen. Also nochmals, man suchte Primarlehrkräfte und ich profitierte davon.

Wir waren etwa zwanzig Berufsleute aus verschiedenen Berufen in einer Klasse am Lehrerseminar. Ich erlebte diese Ausbildung als nicht gerade anspruchsvoll. Die Seminarlehrer waren nicht vorbereitet auf erwachsene Berufsleute. Dementsprechend war der Unterricht gleich gestaltet wie bei den Seminaristen, was oft zu Spannungen zwischen uns und den Dozenten führte. Kürzlich habe ich meine ehemaligen Klassekameraden an einer Zusammenkunft nach 40 Jahren wieder getroffen und wir haben über unsere Ausbildung gesprochen. Sie alle hatten in etwa die gleichen Eindrücke wie ich und haben meine Erfahrungen grösstenteils geteilt. Im Fach Deutsch waren wir gefordert. Meine Kameraden haben es mir bestätigt. Fundierte Deutschkenntnisse und die Kunst, sich auszudrücken, werden in der Berufsausbildung wenig verlangt und wurden daher auch nicht gefördert. Verlangt wird eher, dass man einen Arbeitsrapport ausfüllen kann. Von den Fächern Chemie und Physik wurde ich aufgrund meiner Vorkenntnisse dispensiert. Ich musste in dieser freien Zeit den Dozenten die Versuche, welche sie für den Unterricht brauchten, vorbereiten. Den Rest hätte ich mir sparen können.

Nicht ganz! Eine Aussage unseres Methodik-Didaktik-Dozenten hat mich beeindruckt und eigentlich dann mein ganzes pädagogisches Leben begleitet. Er war nicht nur Methodik–Dozent, sondern auch Schulinspektor. Einmal hat er von seinen wohl hunderten von Schulbesuchen geredet und als Fazit eben folgende Worte gebraucht: „Ich wäre froh, wenn sich jede Lehrkraft beim Gang vom Pausenkaffee ins Schulzimmer überlegen würde, was will ich in der kommenden Lektion meinen Schülerinnen und Schülern lehren, was sollen sie nach der nächsten Lektion mehr wissen oder besser können als jetzt?“ Diese unglaublich einfache Weisheit hat mich seitdem ständig begleitet. Nicht nur beim Unterrichten, auch bei Sitzungen später habe ich mir immer überlegt, was willst du eigentlich an dieser Sitzung erreichen, was musst du tun, damit du das erreichen kannst? Wie oft haben mir diese Fragen bei Sitzungen als Teilnehmer oder dann aber als Sitzungsleiter geholfen und mir ein gutes Gefühl danach verschafft! Und übrigens, oft habe ich erlebt, dass sich nur ganz wenige auf diese Sitzungen seriös vorbereitet haben …

Eine Episode aus meiner Ausbildung zum Primarlehrer ist mir als ganz schlechtes Beispiel in Erinnerung geblieben. Die Ausbildung war sehr praxisbezogen und wir waren in der sogenannten Übungsschule einem erfahrenen Lehrer zugeteilt. Wir waren Assistenten und durften zuschauen, wie es ein alter Hase macht, und manchmal durften wir sogar einzelne Lektionen selbst gestalten und durchführen. Was ich eigentlich gut finde und wovon ich glaube, dass es in der heutigen Ausbildung zu wenig gemacht wird. Nicht immer war ich mit dem Lehrstil der Übungslehrer einverstanden und habe dann mit ihm über das „Schule halten“ diskutiert. Ein Beispiel sei hier beschrieben.

Zeichenunterricht, Thema Bäume. Die Klasse hatte den Auftrag, einen Baum mit keimenden Sprossen der bald kommenden Blätter im Frühling zu zeichnen. Ob dieser Auftrag im Zusammenhang mit irgendeinem Unterrichtsthema war, entzog sich meinem Wissen. Wir waren jeweils nur einen halben Tag an der Schule und wussten nicht, was sonst geschah. Hilfsmittel waren weisses Zeichnungspapier und Farbstifte.

Zeichnen ist ein praktisches Fach für Lehrkräfte. Die Schüler sind beschäftigt, man kann etwas anderes tun. Vorbereiten der nächsten Lektionen, korrigieren etc. Zwischendurch muss man natürlich kontrollieren, ob die Aufgabe auch pflichtbewusst gelöst wird, muss korrigieren, eingreifen und im Fach Zeichnen vor allem auch loben und sich erklären lassen. Genau das hat der Übungslehrer nicht gemacht! Er verliess oft das Schulzimmer in Richtung Lehrerzimmer oder an die frische Luft. Dann habe ich halt übernommen. Ich munterte auf, lobte, half, wo ich konnte. Wie ich das in der Theorie gelernt und auch empfunden habe. Eine Schülerin hatte kein besonderes Talent in Sachen Zeichnen. Trotzdem mühte sie sich mit einem Baum ab. Ich setzte mich zu ihr und half ihr ein wenig, vor allem aber lobte ich sie, wie sie sich Mühe gab, etwas aufs Blatt zu bringen. Nach ein paar Minuten kam der Übungslehrer vom Rauchen zurück in die Klasse, stolzierte durch die Reihen und blieb bei der beschriebenen Schülerin stehen und sagte: „Was ist denn das für ein Besen?“

Den Blick der Schülerin zu mir habe ich nie vergessen. Und die Diskussion danach mit meinem Übungslehrer auch nicht. Ich glaube, auch er nicht.

In der heutigen Zeit hat man auch wieder zu wenige Primarlehrkräfte. Wie damals greift man wieder auf Berufsleute zurück. Heutzutage werden sie an pädagogischen Hochschulen ausgebildet. Neulich konnte ich lesen, dass die auf der konventionellen Lehrerausbildung ausgebildeten Lehrkräfte auf die in einer „Schnellbleiche gemachten" Lehrerinnen und Lehrer aufpassen müssten, weil sie nicht fähig wären, den Beruf auszuüben. Bei mir war das anders. Wir wurden als voll genommen von Anfang an. Von der Behörde, den Kolleginnen und Kollegen, den Schülerinnen und Schülern und vor allem den Eltern. Wir galten als erfahren, als jemand, der schon gearbeitet hatte, eine andere Welt kennengelernt und nicht einfach in der Schule die Seiten gewechselt hatte. Mich haben diese Aussagen beschäftigt, dass „normal ausgebildete Lehrkräfte" solche in Umschulungskursen Ausgebildeten coachen müssten. Ich habe es genau umgekehrt erlebt und vielen Kollegen und Kolleginnen auch geraten, den Beruf zu wechseln.

Das führt mich zu meinen Gedanken zu der heutigen Lehrerausbildung. Heute braucht es dazu eine Matura und dann ein Studium an einer Fachhochschule. Auch eine Kindergärtnerin braucht heute eine Matura, um zu ihrer Ausbildung zugelassen zu werden. Ich finde es übertrieben. Die Befürworter begründen diese höhere Hürde mit den gestiegenen Anforderungen im Unterricht. Ich finde, dass die Anforderungen an die Lehrkräfte schon gestiegen sind, aber nicht im Bereich des Stoffes, welcher zu unterrichten ist. Sie sind gestiegen in der Schulumgebung, beispielsweise im Umgang mit Eltern. Und da nützt eine Matura nicht viel! Es ist mir unverständlich, warum hier ein Masterstudium gefordert wird. Ich habe den Verdacht, dass unter dem Stichwort „Aufwertung der Berufe" ein Ruf nach höheren Löhnen steht. Längere Ausbildung gleich höhere Löhne ist die Forderung. Wer sich gegen diese „Weisheit" stellt, beisst auf Granit.

Wie viele junge Frauen und Männer habe ich kennengelernt, die meiner Meinung nach prädestiniert für diesen Beruf gewesen wären und welchen die fehlende Matur daran gehindert hat, diesen Beruf zu erlernen und später ausüben zu dürfen! Ich bin fest davon überzeugt, dass der Beruf einer Kindergärtnerin und Primarlehrerin ein Handwerk ist! Es braucht Liebe zu den Kindern,

Einfühlungsvermögen, Geduld und soziale Kompetenz, was mit einer Matur keineswegs garantiert werden kann. Dagegen entscheiden sich Menschen ohne Matur bewusst, diesen anspruchsvollen Beruf zu wählen, weil sie eben diese Kompetenzen haben oder entwickelt haben. Ich bin sicher, dass mir Eltern, welche in Elternabenden oder Elterngesprächen mit Lehrerinnen und Lehrern ihrer Kindern zu tun gehabt haben, beipflichten. Kindergärtnerinnen und Primarlehrerausbildung ist für mich keine Akademikergeschichte. Kopf und vor allem Hand und Herz stehen im Vordergrund. Nicht nur der Kopf! Punkt.

Irgendwann war meine Ausbildung zu Ende und ich wurde Primarlehrer in einem kleinen Dorf an einer mehrklassigen Schule. Das hiess, dass im gleichen Schulzimmer Schüler der fünften und der sechsten Klasse anwesend waren. Viele heutige Lehrkräfte und auch Eltern können sich das wohl kaum vorstellen. Mir aber gefiel das! Und ich bin ein grosser Befürworter der mehrklassigen Schule. Da war etwas los in der Schule! Ich setzte Sechstklässler als „Göttis“ der Fünftklässler ein, Sechstklässler, die im Rechnen etwas Mühe hatten, hörten bei den Fünftklässlern nochmals zu, fortgeschrittene Fünftklässler machten im Deutschunterricht mit den Sechstklässlern mit. Es gab viel

Vorbereitungsarbeit für die Lehrkraft bei 25 bis 30 Schülern, aber ich habe die wohl befriedigendste Arbeit erleben dürfen in meiner ganzen Laufbahn.

Wenn ich das so schreibe, kommt mir die Luzia in den Sinn. Sie war, als ich sie in der fünften Klasse übernommen habe, eine mittelmässige und unsichere Schülerin. Vor allem mit dem Dreisatz hatte sie ihre liebe Mühe. Ich liess sie in Ruhe, gab ihr viel Zeit und irgendwann checkte sie es. Sogar die indirekten Dreisätze hatte sie im Griff. In der sechsten Klasse setzte ich sie als Hilfslehrerin für die Fünftklässler beim Dreisatz ein und liess sie sogar Übungsblätter für sie schreiben. Dies gab ihr Sicherheit und viel Selbstvertrauen und sie blühte auf, die Aufnahmeprüfung in die Bezirksschule am Ende der sechsten Klasse bestand sie mit Bravour. Viele Jahre später, als ich zum Amtsvorsteher gewählt wurde, erschien in der Lokalzeitung eine Notiz, dass der Regierungsrat mich zum neuen Amtsleiter gewählt habe. Von Luzia erhielt ich eine Glückwunschkarte. Am Anfang stand: Der Regierungsrat hat gut entschieden!

Privat war ich inzwischen verheiratet und wohnte mit meiner Familie in einem Dorf mit etwa 600 Einwohnern. Wir wohnten da in einem Einfamilienhaus und hatten es gut. Ich war der „Herr Lehrer“, leitete den Turnverein als Oberturner und wenn wir da geblieben wären, hätte ich sicher irgendein politisches Amt übernommen oder übernehmen müssen.

Wenn ich mich heute in den Primarschulen umhöre, so war das, was ich erlebt habe auf dem Dorf „Sonntagsschule“! Keine Disziplinarprobleme, keine Kopftuchgeschichten und so weiter. Die Schülerinnen und Schüler hatten vor dem Unterricht bereits die Milch in die Käserei gebracht oder hatten im nahen See schon gefischt. Ein Vater eines Schülers sagte mir einmal: „Wenn mein Sohn frech wird, so hau ihm ruhig eine runter, sonst muss ich das zu Hause erledigen.“ Ich habe keine Schüler geschlagen.

Heute möchte ich nicht mehr als Primarlehrer arbeiten. Der Einfluss der Eltern, Behörden und neuerdings sogar der Juristen auf den Schulalltag, ja sogar auf die Notengebung, wäre für mich ein Grund den Beruf zu wechseln. Nicht auszudenken, welche Auflagen mir heute gemacht würden, wenn ich, wie früher, meine Skilager, Velotouren in der Geographie, Exkursionen, Schulreisen etc. durchführen wollte!

Und dann die vielen Reformen. Sie lassen den Lehrkräften kaum noch Möglichkeiten zur eigenen Gestaltung des Unterrichts. Studierte Pädagogen, die selber nie unterrichtet haben oder gar gescheitert sind, schreiben den Lehrkräften, die tagtäglich unterrichten, vor, wie sie zu unterrichten haben. Über alle pädagogischen Tätigkeiten wird ein Netz von Vorschriften und Kontrollen gelegt, welches einschränkt und lähmt.

Und noch eine Entwicklung gibt mir schwer zu denken: Der zunehmende Leistungsdruck auf unsere Kinder. Wann und was zu einem bestimmten Zeitpunkt gekonnt werden muss, führt dazu, dass nun sogar vermehrt Primarschüler in den Schulferien in Kurse zum Wiederholen des Schulstoffes geschickt werden.

Im Rahmen einer Bildungsreise nach Japan erhielt ich Einblick in das dortige Schulsystem. Leistung, Leistung und nochmals Leistung wird dort gefordert. Bereits im Kindergarten! Es existieren Ranglisten in Tokyo der „besten" Vorkindergärten, also derjenigen Institutionen, die Kleinkinder auf den Kindergarten vorbereiten. Wie können da Kinder noch einigermassen „normal" aufwachsen? Selbstverständlich existieren dort auch ganz öffentlich Ranglisten der „besten" Schulen. Sie sind dann auch entsprechend teuer, weil ja die Absolventen dieser Schulen am „besten" auf das Studium oder den Beruf vorbereitet werden. Nicht verwunderlich ist dabei die Tatsache, dass in Japan Selbstmord bei den Jugendlichen die häufigste Todesursache ist. Die Anzahl der jugendlichen Selbstmorde übersteigt 30.000

jedes Jahr! Dies bedeutet die doppelte prozentuale Anzahl im Verhältnis beispielsweise der jugendlichen Selbstmorde in den Vereinigten Staaten!

Inzwischen ist der Leistungsdruck in der Schule auch in der Schweiz spürbar. Ärzte berichten, dass die Kinder in Schüben in die Arztpraxen kämen: kurz vor den Sommerferien, wenn die Zeugnisse verteilt würden und ein paar Wochen später, wenn die ersten Tests anstehen.

Bereits im ersten Kindergartenjahr werden heute beispielsweise in Basel-Stadt Kinder mittels eines siebenseitigen Lernberichtes eingeschätzt!

An einem Freitagmorgen kam ich um elf Uhr bereits nach Hause. Mein Klassenzimmer war besetzt durch den Pfarrer des Dorfes, der in meinem Zimmer seinen Religionsunterricht abhielt. In der Lehrerzeitung, welche immer am Freitag erschien, war ein Inserat eines Chemieunternehmens aus Basel publiziert: Sie suchten eine Berufsschullehrkraft allgemeinbildender Richtung. Ich erinnere mich sehr genau an diesen Zeitpunkt. Am Nachmittag fragten mich nämlich die Schüler, was ich dazu sagen würde: Der Pfarrer hätte ihnen gesagt, dass es eine Sünde sei, wenn ein Katholik eine Protestantin (oder umgekehrt) heiraten würde. 1979 ! Ich konnte es kaum glauben!

Aber das Inserat: Ich war wie elektrisiert! Lehrer und Chemie! Genau auf mich zugeschnitten! Meine Frau unterstütze mich und sie riet mir, mich doch zu bewerben. Ich hatte zwar keine Ausbildung als Berufsschullehrer, aber die Kombination zwischen eben Lehrberuf und Lehrer war für die firmeninterne Ausbildungsstätte interessant und ich erhielt die Stelle mit der Auflage, zuerst die Ausbildung als Berufsschullehrer zu absolvieren. Das hiess zwei Jahre wieder die Schulbank drücken.

Berufsfachschullehrer

Gewerbelehrer, wie es damals hiess, wurde man mit einem Abschluss in der höchsten jeweiligen Weiterbildung der Berufe, also als Techniker (heute Absolvent einer Fachhochschule) oder als Meister des jeweiligen Berufes, wo es keine entsprechenden Abschlüsse an einem Technikum gab (beispielsweise Coiffeuermeister). An den Berufsfachschulen werden sie Fachlehrer genannt. Sie lehren die notwendigen theoretischen Grundlagen in Ergänzung zur Praxis des jeweiligen Berufes.

Berufsfachschullehrer für Allgemeinbildung werden heute die zweite Kategorie Lehrer genannt, welche an den Berufsfachschulen das Fach Allgemeinbildung unterrichten. Um diesen Unterricht erteilen zu können ist ein Lehrerpatent mit Unterrichtserfahrung vorausgesetzt. Am Institut für Berufspädagogik muss man dann zusätzlich zwei Jahre ein Vollzeitstudium absolvieren. Es ist irgendwie interessant, dass ich nun die Ausbildung in diese Richtung einschlug. Die Note im Fach Allgemeinbildung in meinem Fähigkeitsausweis ist bei meiner Lehre als Laborant die schlechteste.

Das Fach Allgemeinbildung hat in der Lehrlingsausbildung einen schweren Stand. Die Lernenden sind auf ihren Beruf fixiert und haben vor allem Interesse an den theoretischen Grundlagen ihres Berufes. Dementsprechend sind sie im Fachunterricht motiviert und müssen halt das Fach Allgemeinbildung über sich ergehen lassen. Damals bestand ein lernzielorientierter Lehrplan für die Berufsfachschulen, ausgearbeitet von Prof. Rolf Dubs von der Hochschule St. Gallen. Er bestand aus den drei Fächern Deutsch, Wirtschafts- und Rechtskunde und dem erklärungsbedürftigen Fach Geschäftskunde. Dieses Fach hatte zum Ziel, die angehenden Berufsleute „geschäftstüchtig" zu machen. Buchhaltung, Bewerbungen schreiben, Steuererklärungen, Versicherungen waren Teilthemen. Das waren eigentlich interessante Inhalte, aber was kümmert es einen Sechzehnjährigen, wie eine Krankenkasse funktioniert, wenn sie eh noch der Vater bezahlt? Oder warum soll ein Lehrling die Güterstände in der Ehe kennen, wenn er zuerst doch einmal die Abschlussprüfung bestehen will?

Im Laufe der Zeit wurde dieser Lehrplan dann in Richtung eines kompetenzorientierten Unterrichtes angepasst und inhaltlich ziemlich reduziert.

Die Befürchtungen damals beim Wechsel auf den Erwerb von Kompetenzen waren ähnlich wie heute bei der Einführung des neuen Lehrplanes LP 21. Sie sind meiner Meinung nach unbegründet. Denn mit dem Fokus auf die Kompetenzen wird das Lernen nicht abgeschafft (höchstens das

Pauken). Dabei basiert das Erwerben *der Kompetenzen in der Schule auf drei Pfeilern: Auf das fachliche Wissen und Verstehen, auf der Fähigkeit, dieses Wissen anzuwenden sowie in der Bereitschaft, das fachliche Wissen zu gebrauchen und umzusetzen.*

Die Ausbildung fand am Schweizerischen Institut für Berufspädagogik (heute Eidgenössisches Hochschulinstitut für Berufsbildung, EHB) statt. Sie dauerte zwei Jahre und war ein Vollzeitstudium. Das Institut war straff organisiert mit z.B. Absenzenkontrolle für schon etwas ältere und berufserfahrene Studenten. Studienfächer waren natürlich Berufspädagogik und dann Vorlesungen über Recht, Wirtschaft, Betriebswirtschaft, Literatur, Politik, Zeitgeschichte, meist von Gastprofessoren von schweizerischen Universitäten gehalten. Blockweise wurden wir an Berufsfachschulen geschickt, um unsere Erfahrungen in der Praxis zu vertiefen. Selbstverständlich wurde jedes Fach mit einer mündlichen oder schriftlichen Prüfung abgeschlossen und es gab auch einige, die das Ziel nicht im ersten Anlauf erreichten.

Die zwei Jahre waren auch für mich persönlich interessant und vergingen wie im Flug. Zum ersten Mal habe ich erlebt, wie eine Ausbildung sein kann, wenn die Studierenden am Thema interessiert sind und ein Ziel haben. Mehrmals wurde uns auch von Dozenten bestätigt, dass sie es genossen hätten, mit uns schon etwas älteren, aber dafür umso motivierteren Semestern zu arbeiten.

Eine wichtige Erfahrung habe ich als Lehrer aus dieser Ausbildung mitgenommen: Am eigenen Leib habe ich mitbekommen, wie aufnahmefähig man nach mehreren Lektionen im Frontalunterricht oder eben dozieren noch ist, oder besser gesagt nicht mehr ist. Da nützen bestens vorbereitete Referate nichts, der Geist mag nicht mehr! Unterrichten bedeutet nicht nur Stoff vermitteln, man muss unterbrechen, üben, vertiefen, Pause machen etc. Alles das wusste ich theoretisch bereits, aber wenn man es nach einiger Zeit des selber Unterrichtens wieder selbst erfährt, wird es einem umso bewusster!

Sieben Jahre habe ich anschliessend an der firmeneigenen Berufsfachschule das Fach Allgemeinbildung unterrichtet. Mit meinen Klassen hatte ich eigentlich nie Mühe. Ich führe das unter anderem darauf zurück, dass ich die Erfahrung, selbst eine Berufslehre absolviert zu haben, bewusst in den Unterricht einzubringen versucht habe. Die Lernenden respektierten mich nicht zuletzt aus dem Grunde, dass der da vorne etwas von ihrem Beruf verstand und nachvollziehen konnte, was im Fachunterricht von ihnen verlangt wurde.

Ich habe mich an meinen Allgemeinbildungsunterricht in der Gewerbeschule erinnert und versucht, die Lernenden dort abzuholen, wo sie eben herkommen und den Unterricht, wo immer möglich, aktuell und praxisnah zu gestalten.

Was das heisst, möchte ich an einem Beispiel verdeutlichen: Im Fach Staatskunde kann man selbstverständlich unser Staatssystem mit der direkten Demokratie, mit Initiativen, Referenden und so weiter theoretisch abhandeln und dann das erworbene Wissen testen und mit einer Note bewerten. Ich habe mit meinen Klassen eine Gemeindeversammlung besucht und dann im Unterricht ausgewertet. So konnten die Lernenden praxisnah erfahren, wie auf Gemeindeebene Demokratie funktioniert.

An eine dieser Gemeindeversammlungen mag ich mich selber noch gut erinnern: Neben verschiedenen Geschäften stand als Haupttraktandum die Abstimmung über eine grosse Sportanlage mit Fussballfeld und 400 Meter Tartanbahn zur Diskussion. Mit meiner Klasse hatte ich mich als Gäste angemeldet und wir verfolgten die Versammlung von der Tribüne aus. Sie war angesichts der Wichtigkeit dieses Entscheides gut besetzt, ging es doch um eine Investition für die Gemeinde in der Grössenordnung von mehreren Millionen. Kurz bevor das Haupttraktandum an der Reihe war, öffnete sich die Haupttüre zum Versammlungssaal und 20 bis 30 junge, frisch geduschte Männer betraten den Saal, verstauten ihre Sporttaschen am Rand neben den Sitzen und machten es sich bequem. Nach einer engagierten Diskussion des Geschäftes folgte die Abstimmung und selbstverständlich stimmten alle diese verspäteten Gäste für die Sportanlage, welche natürlich auch angenommen wurde. Dass nach dieser gewonnenen Abstimmung die Sportsvereinsmitglieder wieder ihre Sachen packten und den Saal trotz noch ausstehender Traktanden wieder verliessen, sorgte beim damaligen Gemeindepräsidenten und vielen Besuchern für Unverständnis. Und meine Auswertung des Besuches der Gemeindeversammlung mit den Lernenden war spannend und unvergesslich!

Das Thema Staatskundeunterricht an Berufsfachschulen bringt mich immer auf einen anderen Aspekt des politischen Lebens in der Schweiz. Fast nach jeder Abstimmung mit tiefer Stimmbeteiligung wird von politischer Seite vermehrt staatskundlicher Unterricht in den Schulen gefordert. Staatskunde ist auch im neuen Lehrplan der Allgemeinbildung an Berufsfachschulen enthalten. 70% der Jugendlichen durchlaufen, wie gesagt, die Berufsbildung und erhalten in der Allgemein-

bildung das Rüstzeug um am politischen Leben teilzunehmen. Schliesslich ist das übergeordnete Ziel der Allgemeinbildung die jungen Menschen zu mündigen, handlungsfähigen Menschen auszubilden! Sie lernen, wie man abstimmt, wie man kumuliert und panaschiert. Sie lernen an den Berufsfachschulen auch, wie man sich informieren kann. Ich sehe bei einer tiefen Stimmbeteiligung nicht, dass die jungen Menschen nicht wüssten, wie man stimmt und wählt, das haben sie nämlich an den Berufsfachschulen gelernt! Von denjenigen, die da mehr politische Bildung fordern, haben die meisten eine Mittelschule besucht, und mir ist nicht bekannt, ob und mit wie vielen Lektionen im Lehrplan eines Gymnasiums das Fach Staatskunde oder politische Bildung unterrichtet wird.

Ich wage die Behauptung, sie ist mit unzähligen Gesprächen mit Jugendlichen untermauert, dass nicht die komplizierten Modalitäten oder zu wenig politisches Wissen von einer Stimmbeteiligung abhalten, sondern negative Erfahrungen der jungen Menschen mit der Politik! Also verhängen sie die Höchststrafe über die Politik, sie ignorieren sie!

Wie schon kurz angetönt, sind die Klassen an den Berufsfachschulen äusserst heterogen zusammengesetzt. Da sind Aussteiger aus dem Gymnasium zusammen mit Lernenden, welche einen bedeutend weniger gefüllten Rucksack an schulischem Wissen mitbringen, bunt gemischt. Für die Fachlehrer ist dies eine weniger grosse Herausforderung im Unterrichten als für die Allgemeinbildner. Sie haben einen umfangreichen Lehrplan an Fachwissen des entsprechenden Berufes zu vermitteln und können in der Regel voraussetzen, dass viel von diesem Stoff für alle neu ist. Ganz anders ist es in der Allgemeinbildung. Beispielsweise in den Vorkenntnissen im Fach Deutsch! Die Lernenden kommen aus verschiedenen Kantonen und Schulen mit unterschiedlichen Lehrplänen, sind Ausländer mit rudimentären Sprachkenntnissen oder sind Lernende, welche schon eine Lehre angefangen haben und es nun in einem anderen Beruf versuchen. Die Berufsfachschulen können nicht selektionieren oder homogene Klassen zusammenstellen. Wer einen Lehrvertrag besitzt, muss im entsprechenden Beruf beschult werden. Sie kann auch nicht Lernende, welche mangelhafte schulische Leistungen bringen, vom Unterricht ausschliessen. Berufsfachschulen sind nicht Lehrvertragspartner! Lehrverträge auflösen können nur das Lehrgeschäft oder die Lernenden selber.

Etwas vom Schönsten in meiner Zeit als Berufsfachschullehrer war die Erfahrung zu beobachten, wie sich die jungen Menschen in der Zeit der Lehre verändert haben. Wie etwa ein linkischer, gehemmter Lehrbeginner in der Lehre zu einem offenen Menschen gereift ist, welcher einem beim Reden in die Augen zu schauen gelernt hat. Ich habe alle Lehrbeginner am Anfang fotografiert und sie aufschreiben lassen, was sie von ihrer Lehre erwarten. Ich habe diese Schriftstücke nie korrigiert und benotet, aber bis zum Lehrende mit Foto aufbewahrt. Mit jedem einzelnen habe ich am Ende der Lehre ein Schlussgespräch geführt und habe mit ihm sein Schriftstück, seine Lehre und seine neuen Ziele besprochen. Alle habe ich ermuntert, nicht stehen zu bleiben und so bald als möglich etwas Neues anzufangen.

Meine berufliche Situation gefiel mir, an „meiner“ Schule fühlte ich mich wohl und konnte mich einbringen. Ich konnte es gut mit unseren Lernenden, welche alle irgendwie mit meinem Erstberuf als Laborant zu tun hatten, und wurde von ihnen respektiert. Ein Kollege erkrankte längere Zeit und ich übernahm seine Lektionen. Sie häuften sich, sodass mein Vorgesetzter mir darlegen musste, dass diese Überstunden aus firmeninternen Überlegungen nicht ausbezahlt werden könnten. Mir wurde eine Weiterbildung offeriert und ich entschloss mich für einen Englisch-

Intensivaufenthalt in den USA, an einem College in Boston.

Mitten in den Vorbereitungen für meine Weiterbildung verliess unser Schulleiter die Schule und nahm eine Kaderstelle bei einem Berufsverband im Bereich der Ausbildung an. Ich wollte gerne mehr Verantwortung an der Schule übernehmen, also bewarb ich mich um diese Stelle und wurde gewählt. In meinem mehrmonatigen Aufenthalt in den USA konnte ich mich nun geistig auf meine neue Rolle als Schulleiter vorbereiten.

REKTOR

Rektor

Als Lehrer habe ich nie das Gefühl gehabt, ich bräuchte einen Vorgesetzten. Ich unterrichtete nach Lehrplan, brachte mich ein in die Entwicklung der Schule, setzte mich für die Lernenden ein, informierte die Eltern, die Lehrmeister und so weiter. Klar brauchte es eine Stelle, welche die Schule organisierte, welche ich informierte, wenn ich auf einer Exkursion war und welche die Schule nach aussen vertrat. Aber als Vorgesetzten im Sinne von Chef, mit Beurteilung, Standortsgesprächen etc. hatte ich bis anhin keine Erfahrungen gehabt oder machen müssen. Dies war auch nicht verwunderlich, hatte ich doch bis jetzt nur an kleineren Schulen gearbeitet. Da regelten sich solche Dinge in den tägliche Begegnungen und Gesprächen wie von selbst.

Dass aber vorgesetzte Stellen auch an Schulen notwendig sind, habe ich an den drei Schulen, an denen ich als Rektor tätig war, erfahren dürfen. An der firmeninternen Schule war ich sechs Jahre als Schulleiter tätig. Aus wirtschaftlichen Gründen verlagerte die damalige Firma immer mehr Stellen ins Ausland und die Anzahl der Auszubildenden sank von Jahr zu Jahr. Die Ausbildung von weniger Lehrlingen wurde bei gleichbleibenden Fixkosten immer teurer und eine Schliessung der Schule war absehbar. Bevor mir gesagt wurde, was mit der Schule und damit auch mit mir geschehen sollte, wurde ich aktiv. Ich bewarb mich an einer mittelgrossen Berufsfachschule als Rektor und wurde gewählt. Ich bedauerte diesen Schritt sehr. Wir waren eine innovative Schule, wurden schweizweit auch als Vorzeigeschule in der Berufsbildung gehandelt und ich habe viel profitiert für meine spätere Laufbahn. Dadurch, dass wir Lehrmeister und Berufsschule gleichzeitig waren, konnten wir Theorie und Praxis optimal aufeinander abstimmen. Tätigkeiten am Arbeitsplatz waren abgestimmt mit der Berufsschule, wo die nötige Theorie zum Fachgebiet zeitgleich vermittelt wurde. Wir verbrachten mit unsern Lernenden Zeit in Lehrlingslagern oder Sozialeinsätzen, in denen wir Lehrtöchtern und Lehrlingen auch menschlich näher kamen.

An der neuen Schule, einer staatlichen, musste ich mich erst zurechtfinden. Ich war es gewohnt, rasch und unkompliziert zu handeln. Wenn ich meine Vorgesetzten von einer Idee überzeugen konnte, erhielt ich schnell grünes Licht und wir konnten die Idee umsetzen. Jetzt ging alles viel gemächlicher. Haben Sie das budgetiert? Das war eine der häufigsten Fragen, die mir gestellt wurden. Aber sonst habe ich mich schnell eingelebt und mir hat es gefallen. Mit meiner Frau erwog ich sogar einen Umzug in die Nähe dieser Schule.

Doch dann, nach drei Jahren, wurde an meinem Wohnort der langjährige Rektor pensioniert und ich wurde dann dort sein Nachfolger. Entscheidend für diesen Wechsel war die Familie. Wir hatten drei inzwischen fast erwachsene Kinder und sie waren zum Teil schon „ausgeflogen“. Bei einem Gespräch über die Entscheidung, mich zu bewerben, sagte meine Frau zu mir: „Du musst dir bewusst sein, unsere Kinder werden an unseren neuen Wohnort kommen und uns besuchen, hier aber, wo wir jetzt wohnen, kommen sie heim.“ Damit war die Entscheidung gefallen.

Wie wird man an Berufsfachschulen als Rektor gewählt? Ich habe es dreimal erfahren. Am Anfang steht immer eine Bewerbung. Man muss den Willen öffentlich bekunden, dass man eine Schule führen will. An der privaten Schule war es so, dass die Firma, also die in der Hierarchie oben stehenden Personen, die Bewerbung prüften und dann entschieden. Punkt, fertig. An der ersten staatlichen Schule entschied ein Gremium der vom Schulträger eingesetzten Kommission mit einer aus der Lehrerschaft herbeigezogenen Delegation und ich war gewählt. An einer kantonalen Schule geht das Wahlprozedere in der Regel wie folgt vor sich: Eine Delegation der Aufsichtskommission und eine Delegation der Lehrerschaft sichtet die eingegangenen Bewerbungen. Es erfolgt eine erste Auswahl. Die auserwählten Kandidatinnen und Kandidaten werden zu einem Gespräch vorgeladen und in eine engere Auswahl selektioniert. Diese engere Auswahl, in der Regel zwei bis drei Kandidatinnen oder Kandidaten, müssen sich vor dem Lehrerkonvent (also vor allen Lehrkräften!) präsentieren und ihre Ideen von einer guten Schulführung präsentieren. In der Lehrerschaft findet dann eine Abstimmung statt. Schliesslich entscheidet die vorher beschriebene Wahlkommission, wen sie als neuen Rektor oder Rektorin wählt. Der Regierungsrat bestätigt dann die Wahl.

Ich gestehe offen, ich habe Mühe mit diesem dritten Verfahren, obschon ich es erfolgreich durchlaufen habe. Wo um Himmels Willen können Untergebene ihren Chef oder Chefin selbst bestimmen? Was sind die Kriterien, die den Ausschlag geben? Ist es derjenige, der mir den besten Stundenplan präsentiert, oder ist es diejenige, die mir mein Teilpensum garantiert? Sind angestellte Lehrkräfte wirklich fähig zu beurteilen, wer ihre Schule und damit ihre Arbeitsplätze sicher in die Zukunft leiten kann? Sind diese sicher unbestreitbaren partikulären Interessen wirklich Kriterien für die Wahl von Schulleitungen, mit wie an meiner letzten Schule mit etwa 150 Lehrkräften im

Voll-und Teilzeitpensum? Ich glaube, nicht. Aber sie entscheiden! Welche Wahlkommission wird am Schluss denjenigen Kandidaten wählen, der nicht die Lehrerschaft vorgeschlagen hat? Mit so einem Schulleiter hätte ich nicht tauschen wollen!

Mein Vorschlag wäre eine Wahlkommission, bestehend aus Vertretern der Lehrmeister, der Aufsichtskommission, der verantwortlichen politischen Behörde und der Lehrerschaft, und sie entscheiden. Punkt.

Item. Ich wurde gewählt. Warum denn eigentlich? Normalerweise sind folgende Kriterien für eine Wahl als Rektor einer Schule mitentscheidend: Ausbildung, man hat sich an einer Schule eine einflussreiche Position erschaffen, man ist politisch tätig und in der „richtigen" Partei, man ist oder war erfolgreich in der Armee oder man ist zum richtigen Zeitpunkt am richtigen Ort. Entscheidend ist, dass man aus der Reihe der Lehrerschaft hervortritt, selbstsicher auftritt und kundtut, dass man es sich zutraut die Schule zu führen. Bei mir schieden die Politik und das Militär aus, also musste es ein anderes oder eine Kombination von mehreren Kriterien gewesen sein, dass man sich dreimal für mich entschied.

Die Ausbildung zum Schulleiter erfolgte bei mir in einem ausgeschriebenen Schulleiterkurs für Schulleiter von Berufsfachschulen an der Universität St. Gallen. Kursleiter war der damalige Rektor der Uni und Experte in Sachen Berufsbildung in der Schweiz, Prof. R. Dubs. An diesem Kurs, aufgeteilt auf mehrere Tage in einem halben Jahr, konnten die aufgetauchten Situationen und Probleme unter gleichgesinnten und gleichbelasteten Neulingen besprochen werden. Eine gute Form von Ausbildung „on the Job"!

Hier knüpfte ich auch mein Netzwerk unter den Schulleitern der Schweiz. Ich wusste damals noch nicht, wie wichtig so etwas sein konnte. Alle befanden sich in der gleichen Situation wie ich. Alle hatten mit der Situation ins Reine zu kommen, plötzlich Vorgesetzter von ehemaligen Kollegen und Kolleginnen zu sein. Eine manchmal schwierige Situation! Kurz gesagt: Als Schulleiter war man plötzlich alleine! Trotz eines Gremiums um einem herum, der Schulleitung, man musste Entscheidungen treffen und die nahm einem niemand ab.

Lehrkräfte zu führen ist keine einfache Aufgabe, das ist bekannt. Vor allem die Situation, dass man vom Rektor, also von einem, der in der Regel dieselbe Ausbildung durchlaufen hat, plötzlich be-

urteilt wird, macht vielen Lehrkräften zu schaffen. Man benotet zwar haufenweise Schülerinnen und Schüler, wenn es aber um die eigene Beurteilung geht, ist man äusserst kritisch. Die Stellung des Lehrers als einer, der immer alles besser weiss und sagen kann, was im Schulzimmer geht und was nicht, ist auch nicht gerade förderlich, dass man Kritik von aussen akzeptieren, sich hinterfragen und dass man womöglich etwas ändern sollte.

Qualitätssicherung an Schulen war zu meiner Zeit als Schulleiter ein Hauptthema. Eine wichtige Neuerung war, dass Lernende auch eine Stimme in der Beurteilung der Lehrkraft bekommen sollten. Eigentlich eine Selbstverständlichkeit für gute Lehrkräfte. Sie haben immer schon die Schülerinnen und Schüler in irgendeiner Form herbeigezogen um Feedback auf ihren Lehrstil zu erhalten. Nun wurde die Schülerbeurteilung der Lehrkräfte an den Schulen institutionalisiert. Was ich da alles an Vorbehalten zu Ohren bekommen habe! Vor allem die Fähigkeit von Lernenden, eine Lehrkraft zu beurteilen, wurde in Frage gestellt. Natürlich können sie es! Sie machen es ja sowieso. Oder haben wir nicht alle in Erinnerung, wer in unserer schulischen Laufbahn gute oder schlechte Lehrkräfte gewesen sind? Wenn ich mit Bekannten oder Verwandten über ihre Schulzeit spreche, erzählen mir alle von ihren in ihren Augen guten und schlechten Lehrern. Die Schüler spüren zum Beispiel genau, ob sich die Lehrkraft auf den Unterricht vorbereitet hat oder ob sie so einfach ins Klassenzimmer kommt. Sie merken selbst, wie lange es dauert, bis ein Test korrigiert zurückgegeben wird, auf den sie sich vorbereitet haben. Es gäbe eine lange Liste von Kriterien, von denen ich glaube, dass Schülerinnen und Schüler fähig sind, ihre Lehrer zu beurteilen. Natürlich gibt es auch Vorbehalte, da kommt es eben darauf an, wie man diese Beurteilungen gewichtet. Vor allem ist es ja nur eine Beurteilung! Aus einer Sicht. Es kommen andere dazu: An Berufsfachschulen die Beurteilung der Lehrmeister, der Schulleitung, der Kolleginnen und Kollegen, der Eltern, die Ergebnisse an den Abschlussprüfungen. Diese Qualifikationen finden statt, ob es die Lehrkräfte wollen oder nicht. Also warum sich nicht stellen und die Lernenden fragen: Wie seid ihr eigentlich mit mir als Lehrkraft zufrieden?

Diese Qualifikationen der Lehrkräfte durch ihre Schüler sind inzwischen an den Berufsfachschulen installiert und werden periodisch durchgeführt. Der Widerstand am Anfang war gross. Die Ergebnisse sind positiv. Gute Lehrkräfte erhalten sofort Bescheid und werden bestätigt, sind zufriedener und erhalten Anerkennung. Unsichere Lehrkräfte erhalten die Chance nachzudenken und allenfalls etwas zu ändern, auch das macht zufriedener! Weniger gute Lehrkräfte erhalten meistens eine Bestätigung ihres sowieso vorhandenen Gefühls und können sich verändern.

Apropos Qualitätssicherung an Schulen: In den neunziger Jahren ist dieses für externe Schulberater äusserst lukrative Geschäft in Mode gekommen. Man wollte, ausgehend von den Zertifizierungen in der Industrie, etwas Ähnliches für die Schulen entwickeln. Pilotprojekte in der ganzen Schweiz wurden mit grossem Aufwand für die teilnehmenden Schulen gestartet. Qualitätshandbücher wurden erstellt, externe Evaluationen durchgeführt und Verbesserungsmassnahmen empfohlen. Ob die Qualität der Schulen tatsächlich gestiegen ist, sei dahingestellt. Tatsache ist, dass eine grosse Betriebsamkeit an den Schulen entstanden ist und einige Schulberatungsunternehmen gutes Geld verdient haben. Denn diese Schulentwicklungen kosten Geld, viel Geld. Daneben binden sie Ressourcen von Schulleitungen und Lehrkräften, welche anderswo fehlen. Infolge Geldmangels verzichten bereits einige Kantone wieder auf die teuren, früher institutionalisierten externen Evaluationen!

Zwangsläufig ändert sich als Rektor auch der Blickwinkel auf die Schule und die ganze Lehrerschaft. Kolleginnen und Kollegen erscheinen einem in einem ganz anderen Licht. Im Kollegium hörst du nie oder ganz selten etwas über deine Kollegen, wie sie von Eltern oder Lehrmeistern beurteilt werden. Nun aber landen diese nicht seltenen Klagen auf deinem Tisch! Und du musst dich damit befassen, beurteilen, ob sie berechtigt sind oder nicht. Als Rektor ist man ja Vorgesetzter der Lehrkräfte. Eine alte Regel hat sich bei mir in all den 15 Jahren als Schulleiter bestätigt. Die meisten Lehrkräfte verrichten ihre nicht immer einfache Arbeit mit grossem Engagement, mit viel Geduld und grossem Fleiss zu aller Zufriedenheit. Nur eine Minderheit, es waren immer dieselben, gaben immer wieder zu Klagen Anlass. Meistens waren es dieselben Verhaltensmuster im Unterricht, welche kritisiert wurden und immer wieder Massnahmen erforderten. Leider nützen die getroffenen Massnahmen oft nur eine gewisse Zeit lang und die Lehrkraft fiel danach wieder in den gewohnten „Tramp“ zurück. Da halfen meistens nur kraftkostende Gespräche, um die Lehrkraft zu überzeugen, dass Lehrer doch nicht der geeignete Beruf für sie sei. Ich habe in meiner ganzen Zeit als Rektor an meinen Schulen und an den Schulen in meiner Umgebung keine Entlassungen von Lehrkräften beobachtet. Die Verfahren sind zu kompliziert und aufwendig. Leidtragende sind die Schüler.

Selbstverständlich hat man als Rektor nicht nur Lehrkräfte zu beurteilen. Man vertritt die Schule gegen aussen, organisiert den Schulbetrieb mit Stundenplänen, man hat die Verantwortung über ein oft mehrstelliges millionenschweres Budget. Mit der Erstellung des Budgets tat ich mich jeweils schwer. Die Abteilungsleiter mussten mir jeweils für ihre Neuanschaffungen von Unterrichtsmitteln ein möglichst realistisches Budget einreichen. In der Regel war die Liste zu lang, also mussten wir uns zusammensetzen und nur das wirklich Notwendige herausarbeiten. Oft hörte ich dabei den Vorwurf, dass, wenn nicht alles angeschafft werden könne, die Unterrichtsqualität leiden würde. Irgendwann wurde das Budget dann genehmigt und freigegeben. Nicht selten musste ich aber danach im Verlauf des nächsten Jahres feststellen, dass diese als „dringend notwendig" bezeichneten Anschaffungen noch gar nicht angeschafft worden waren.

Man ist verantwortlich als Rektor, dass der Unterricht vorschriftsgemäss, den verschiedenen Berufsverordnungen entsprechend, durchgeführt wird. Eine anspruchsvolle Aufgabe in meiner Zeit, in der neue Berufe entstanden sind und in der fast alle Verordnungen der neuen technologischen Zeit angepasst wurden. Und vor allem, in der die Berufsmatur eingeführt wurde!

Es gab sie schon früher, die Berufsmittelschule. Sie war gedacht für besonders leistungswillige und fähige Lernende. An einem halben Tag pro Woche fehlten sie im Betrieb und wurden an der BMS mit allgemeinbildenden Fächern zusätzlich geschult. Sie wurde von Lehrmeisterseite nicht besonders geschätzt, fehlten die Lernenden, wie gesagt, noch einen halben Tag mehr im Betrieb. Sie wurde denn auch von dieser Seite bekämpft und immer wieder angegriffen. Bis sich die Situation auf dem Lehrstellenmarkt änderte. Immer weniger gute Schüler wählten den Weg nicht mehr, einen anspruchsvollen Beruf zu erlernen, sie wählten den Weg an die Mittelschulen. Er war zudem bequemer mit bis zu dreizehn Wochen Ferien. Von Seite der Eltern wurde dieser Weg ebenfalls unterstützt. Wer die Fähigkeit hatte, wurde auf die Mittelschule geschickt, die späteren Chancen im Berufsleben wurden höher eingeschätzt. Diese jungen Menschen fehlten nun in der Berufsbildung. Die Verantwortlichen waren also gefordert, etwas zu ändern, und der Lehrgang der Berufsmatur wurde geschaffen.

In geradezu unschweizerischem Tempo wurde der Lehrgang der neuen Berufsmittelschule in den neunziger Jahren aus dem Boden gestampft! Ziel war es, ein attraktives Angebot für leistungswillige Lernende zu schaffen, welche sonst an einer Mittelschule gelandet wären. Zielgrösse war, dass 15% der Lernenden dieses Angebot nutzen würden. Es beinhaltet einen Schultag mehr pro Woche und dafür, wenn der Abschluss geschafft wird, einen prüfungsfreien Zutritt an die Fachhochschule. Wieder gab es Widerstand von Seiten der Lehrgeschäfte! Erstens war es, dass ein Lernender jetzt einen ganzen Tag mehr in die Schule sollte und dem Geschäft fehlte und zweitens hatte man Befürchtungen, dass die praktische Ausbildung zu kurz komme. Diese Befürchtungen sind nicht eingetroffen. Untersuchungen haben gezeigt, dass Berufsmaturanden an den Abschlussprüfungen der jeweiligen Berufe genauso erfolgreich oder besser abschneiden als solche, die vier Tage im Betrieb gearbeitet haben. Und für die fehlende Zeit im Betrieb, in der die Lernenden weniger produktiv tätig sein konnten, hat man ein Vollzeitjahr nach der Lehre eingeführt und ist damit den Lehrgeschäften entgegengekommen. Viele Lehrgeschäfte umgehen mit diesem Angebot eigentlich das Berufsbildungsgesetz. Dieses schreibt vor, dass das Lehrgeschäft fähigen Lehrlingen Zeit während der Lehre zur Verfügung stellen muss um die BMS zu besuchen. Sie bieten Lehrstellen an und sagen den Lernenden vor Vertragsunterzeichnung: „Die Berufsmittelschule kannst du ja dann nach der Lehre absolvieren."

Schade finde ich die Tatsache, dass den Unterricht an der BMS nur erteilen kann, wer im entsprechenden Fach einen Hochschulabschluss vorweisen kann. Die grosse Stärke der Berufsbildung, die Verbindung von Theorie und Praxis, wird dadurch geschmälert. Warum darf beispielsweise ein Ingenieur FH mit Berufsfachschullehrerausbildung nicht Mathematik unterrichten? Warum braucht es dazu ein Hochschulstudium? Wer denn sonst kann Beispiele aus der Praxis berechnen und so die Lernenden dort abholen, wo sie herkommen. Böse Zungen reden hier nicht ganz zu Unrecht von einer Akademisierung der Berufsbildung.

Die Berufsmatur ist heute eine Erfolgsgeschichte, die Zielgrösse von 15% ist noch nicht ganz erreicht und wird wohl nur in einzelnen Berufen möglich sein. Dafür aber ist die angestrebte Durchlässigkeit an die Fachhochschulen vorhanden und man kann sogar mit der sogenannten Passarelle, einem theoretischen Zwischenjahr, an einer Universität studieren. Man kann also mit ruhigem Gewissen heute sagen, dass einem, der *nur* einen Beruf lernt, trotzdem alle Wege noch offen stehen.

Immer wieder hatte ich mich in meiner Zeit als Rektor mit dem obligatorischen Berufsschulsport zu beschäftigen. Er ist im Berufsbildungsgesetz verankert und wird trotzdem immer wieder von Lehrmeisterseite bekämpft.

Selber habe ich die Ausbildung zum Sportlehrer in Magglingen durchlaufen und habe auch in meiner Funktion als Berufsfachschullehrer Sport unterrichtet. Aber eben, das war an einer firmeninternen Berufsfachschule mit optimalen Rahmenbedingungen. Die Turnhalle war unmittelbar im Schulhaus, wir konnten Sportlager durchführen etc. Ich habe viele gute Erfahrungen gemacht mit Lernenden, die mich in der Turnhalle haben selber Sport treiben sehen und mich dann als Lehrer von einer anderen Seite erlebt haben. Leider sind die Rahmenbedingungen für eine Lektion pro Woche Sportunterricht in vielen Schulen nicht so und deshalb wird der Sportunterricht oft angezweifelt. Von Lehrgeschäften wird vor allem die Verletzungsgefahr befürchtet. Der sportliche Wert von einer Lektion pro Woche ist sicher nicht optimal. Oft wird der Sportunterricht aus organisatorischen Gründen auf Randstunden am frühen Morgen, vor dem Mittag, gerade nach dem Mittag oder am Schluss des Tages gelegt. Es ist naheliegend, dass dies für Lernende nicht ideal sein kann. Als sportbegeisterter Bewegungsmensch habe ich den

Sportunterricht immer unterstützt. Ich muss aber heute nach den vielen Erfahrungen am Wert selbst zweifeln. Wenn ich sehe, wie an Schulen von der letzten Lektion Unterricht ein weiter Weg zur Turnhalle zurückgelegt werden muss, um dann eine halbe Stunde zu turnen, duschen und Körperpflege ist in der Lektion inbegriffen, zweifle ich nicht mehr, ich bin überzeugt, dass es so nicht sein kann. Andere Formen müssten eingeführt und geprüft werden: Doppellektionen alle zwei Wochen, Sporttage, Sportwochen etc. müssten eingeführt werden. Leider wird das zu wenig gemacht, oft scheitert dies, und ich muss das leider sagen, an der mangelnden Flexibilität der Schulleitungen und der Sportlehrer. Nicht gelöst scheint mir auch die Situation der vielen bereits aktiven Sportlerinnen und Sportler in einer Lehre. Es gibt zwar einige Kantone, welche diese speziell fördern oder vom Berufsschulsport ganz dispensieren, zu häufig aber trifft man an Schulen noch die Situation an, wo in einem Sportverein aktive Lernende im Sportunterricht an der Berufsfachschule am Spätnachmittag teilnehmen und sich danach beeilen müssen, das Training in ihrer Sportart nicht zu verpassen! Da erübrigt sich die Frage der Motivation für den Berufsschulsport!

Um die Jahrtausendwende wurde der Ruf nach zusätzlichen Informatikern laut. 20.000 Informatiker würden fehlen, verkündeten damals die Verantwortlichen. Also wurden Lehrstellen geschaffen bis zum geht nicht mehr.

An meiner Schule wurde seit kurzem dieser damals neue Beruf ausgebildet, man hatte also Erfahrung. Zusätzlich wurde uns die Informatikausbildung einer benachbarten Schule übertragen, weil es keinen Sinn machte, die teure Infrastruktur an zwei weniger als zehn Kilometer voneinander entfernten Schulen aufzubauen. Als Neuerung führte der Berufsverband der Informatiker ein neues Schulmodell ein. Die Lernenden verbrachten das erste Lehrjahr ganz an der Schule, um die notwendigen theoretischen Grundlagen vorzuziehen, welche in diesem Beruf notwendig sind, um überhaupt sinnvoll im Betrieb eingesetzt zu werden. Das sogenannte Basisjahr wurde eingeführt. Dies bedeutete für unsere Schule einen gewaltigen Aufwand und brauchte Räume und Infrastruktur. Der Kanton als vorgesetzte Stelle reagierte unkompliziert. In ein in einem Industriekomplex zufällig freiwerdenden Gebäude wurde die notwendige Infrastruktur mit grossen Kosten eingebaut. Nicht ganz so einfach war die Lehrersuche! Es gab schlicht gar keine Informatiklehrer. Also mussten wir Fachleute aus der Wirtschaft anfragen, ob sie bereit wären, Lernende zu unterrichten. Fachwissen war vorhanden, aber nur wenige hatten eine Ahnung von Pädagogik. Und nur wenige hatten die notwendige Zeit, unter der Woche zusätzlich zu ihrem gefragten Job noch zu unterrichten. Die Suche gestaltete sich äusserst mühevoll, weil dazu noch das Problem der Entlöhnung kam. Informatiker mit speziellem Fachwissen, und die brauchten wir, verdienten damals relativ viel und da konnten wir mit unseren staatlichen Richtlinien nicht mithalten. Auch hier reagierte der Kanton und gestattete uns den Fachlehrern für Informatik, welche aus der Wirtschaft kamen, einen um etwa 20% höheren Lohn zu bezahlen. Dass das bei den andern Fachlehrern nicht so gut ankam, war begreiflich. Irgendwie schafften wir es, dass wir die Ausbildung starten konnten. Diese in der Not getätigte Lehrkräfteanstellung hinterliess natürlich Spuren. Nicht wenige Lehrkräfte hatten den Aufwand unterschätzt und gaben auf. Einige aber mussten wir ersetzen, weil sie zu wenig Fachwissen besassen. Eine Lehrkraft musste ich entlassen: Ein Lernender bat diesen Lehrer nach einer Lektion nach zusätzlichen Unterlagen zu diesem Thema. Er bekam vom Lehrer die Antwort, das liege nicht drin bei dem Lohn, der ihm der Staat zahle!

Eine, wie ich finde, lustige Geschichte im Bereich der Informatiker ereignete sich an der Lehrabschlussfeier. Bei einer Lehrabschlussfeier wurde immer ein Gastredner eingeladen, welcher den jungen Berufsleuten ein paar Worte mit auf den Weg in die Zukunft gab. Wir hatten den ersten grossen Jahrgang der Informatiker, welche ihre Lehre beendet hatte. Also lag es nahe, einen Redner einzuladen, welcher etwas mit Informatik zu tun hatte. Mein Auge war auf einen ganz jungen CEO einer damals bekannten Informatikfirma gerichtet. Er hatte ein Studium an der ETH in Zürich abgebrochen, weil „die ihm da nichts mehr beibringen" konnten. Er sagte zu.

Am Tag vor der Feier rief ich ihn nochmals an und fragte ihn, ob wir etwas vorbereiten müssten. Nein, war die Antwort, er bringe Beamer, LapTop etc. mit. So sei er sicher, dass es dann auch funktioniere. Irgendwie habe ich gespürt, dass er es etwas komisch fand, dass man ihn überhaupt so etwas fragen würde. Natürlich funktionierte dann nichts und unsere Informatiklehrlinge mussten ihm eiligst eine andere Anlage einrichten!

Diese Situation am Lehrermarkt für Informatik hat sich stark geändert. Der Informatikboom ging vorüber und manch einer, der mir wegen des zu tiefen Lohnes abgesagt hat, hätte später auch für ein geringeres Gehalt an unserer Schule unterrichtet.

Als Rektor habe ich an allen Schulen immer noch ein kleines Pensum unterrichtet. Ich fand es wichtig, an der Basis auch noch tätig zu sein, zu erfahren, wie sich die Lernenden über Jahre oder gar Jahrzehnte verändern. Indem ich unterrichtete und diese Erfahrungen machte, konnte ich auch die Lehrkräfte und ihre Sorgen besser verstehen.

Sonst hatte ich wenig Kontakt mit den Lernenden. Ausser wenn ich an den Lehrabschlussfeiern die ganz guten auszeichnen konnte oder wenn sich Lernende im Verlauf der Lehre in irgendeiner Weise schwer taten. Ein Beispiel aus meiner ersten Station als Rektor: Ein Lehrer berichtete mir von einem Lehrling, welcher mit starken Leistungsschwankungen auffiel und oft im Unterricht einschlief. Seine Noten im Unterricht verschlechterten sich massiv. Er vermutete, dass der Lernende Drogen nahm. Wir vereinbarten ein Elterngespräch mit der alleinerziehenden Mutter und konfrontierten sie mit unserem Verdacht. Sie war entrüstet über unsere offene Art und nahm ihren Sohn vehement in Schutz. Nach ein paar Wochen rief mich diese Mutter dann an und gestand mir unter Tränen, dass wir mit unserem Verdacht richtig lägen. Der Sohn habe ihre Neuenburger Pendule gestohlen und zu Geld gemacht. Wir konnten den Sohn dann an geeignete Stellen vermitteln, er hat seine Lehre mit einem Jahr Verspätung dann erfolgreich abgeschlossen.

Fünfzehn Jahre habe ich also in der Position als Schulleiter in meiner beruflichen Laufbahn verbracht. Inzwischen war ich 53 Jahre alt und die Aussicht, nochmals zwölf Jahre als Rektor tätig zu sein, machte mir zunehmend etwas Mühe. Als Rektor ist man quasi in einer Sandwichposition zwischen Behörde und Lehrerschaft, welche auf die Dauer nicht immer einfach ist, weil man als Rektor wohl eine angesehene Position bekleidet, welche aber nicht mit der notwendigen Handlungsfreiheit ausgestattet ist. Schulen, insbesondere Berufsfachschulen, werden bestückt mit Globalbudgets und werden verglichen mit einem Unternehmen. Leider legt man sie auf der anderen Seite wieder in viele unnötige Fesseln.

Kurz vor Weihnachten wurde ich auf eine Vakanz in meinem Heimatkanton aufmerksam gemacht. Ein Leiter des Amtes für Berufsbildung und Berufsberatung wurde gesucht. Meine erste Reaktion war: sicher nicht!

In den Weihnachtsferien hat man jedoch mehr Zeit als sonst und ein Gedanke liess mich nicht mehr los: Wenn ich beruflich nochmals etwas ändern wollte, dann wäre das mit 53 Jahren höchste Zeit. Also schrieb ich in jener Zeit meine Bewerbung und schickte sie ab. Vielleicht nahm mir ja jemand die Entscheidung ab und ich könnte mir dann nicht vorwerfen, ich hätte es nicht einmal versucht!

Die Entscheidung wurde mir nicht abgenommen, im März musste ich es tun und im Juli, nach dem Ende des Schuljahres, trat ich die Stelle als Leiter des Amtes für Berufsbildung und Berufsberatung an.

GENEHMIGT

Amtsleiter

Die schweizerische Berufsbildung ist sinnigerweise eidgenössisch organisiert. Das Berufsbildungsgesetz liefert einen Rahmen, in welchem die einzelnen Kantone ihre Berufsbildung mit eigenen Gesetzen und Verordnungen ihren Gegebenheiten anpassen und organisieren können. Im Gegensatz zur Matur, wo jeder Kanton eigene Anforderungen stellen kann, sind die Anforderungen an die Ausbildung von beispielsweise einem Zimmermann in einer eidgenössischen Bildungsverordnung geregelt. Es spielt also keine Rolle, ob jemand die Ausbildung in einem Beruf im Kanton Aargau oder im Kanton Graubünden absolviert.

Als Leiter eines solchen Amtes ist man direkt dem zuständigen Regierungsrat unterstellt. In der Regel sind das Regierungsräte der Ämter für Wirtschaft oder Bildung. Man ist also Chefbeamter und berät die zuständigen Regierungsräte im eigenen Fachbereich. Meistens haben diese eine akademische Ausbildung und haben keine grosse Ahnung von der Berufsbildung und ihren Gegebenheiten. Man schreibt ihnen die Reden oder informiert sie über die neuesten Trends des entsprechenden Fachgebietes oder vertritt sie an Anlässen, wenn sie selbst nicht anwesend sein können. Sie werden alle vier Jahre vom Volk gewählt und wechseln nicht selten das Departement. So tritt oft der Fall ein, dass der Generalsekretär des Amtes, welcher ja im Angestelltenverhältnis ist, mehr Sachwissen aufweist, weil er über mehrere Jahre oder sogar Jahrzehnte besser über die laufenden Geschäfte informiert ist als der Vorsteher selbst.

Diese neue Rolle, direkt mit der Politik in Kontakt zu stehen, war neu und interessant für mich. Unter dem Stichwort Jugendarbeitslosigkeit wurden zu meiner Zeit viele Vorstösse und Anregungen im Kantonsrat lanciert, welche ich zu beantworten oder einzuführen hatte.

Am Anfang des zweiten Jahrtausends war die Situation so, dass es zu wenige Lehrstellen für die jährlich etwa 70.000 Schulabgänger gab. Die Firmen wurden bekniet, Lehrstellen anzubieten, um der Jugendarbeitslosigkeit zu begegnen. Auf der anderen Seite bewarben sich Jugendliche oft zigmal und erhielten trotzdem keine Lehrstelle. In diesem Spannungsfeld wurden unzählige Projekte zur Schaffung von Lehrstellen und zur Information der Jugendlichen über die Möglichkeiten einer Lehre lanciert. In unserem Kanton wurde ein „Lehrstellenjäger“ eingestellt. Seine Aufgabe war es, Firmen ausfindig zu machen, welche noch nicht ausbildeten, und sie über die Möglichkeiten, eine Lehre anzubieten, zu informieren. Oder Firmen, welche bereits ausbildeten, zu überzeugen, doch noch eine oder mehrere Lehrstellen zu schaffen.

Für Politiker aller Schattierungen war plötzlich die Berufsbildung ein Feld geworden, in welchem sie sich betätigen und profilieren konnten und wollten. Die Medien berichteten ständig über Schulabgänger welche trotz vieler Bewerbungen und Schnupperlehren keine Lehrstelle kriegten.

Als verantwortliches Amt wollten wir einmal hautnah solche erfolglosen Bewerber kennenlernen und luden sie zu einem Gespräch ein. Als Beispiel hier so eine Begegnung: Der Bewerber war auf 09.00 Uhr bestellt. So um zwanzig nach neun Uhr klopfte es und der Schulabgänger stand kaugummikauend vor der Tür. Ungepflegt und in Badelatschen antwortete er mit einem Piercing in der Zunge auf die Frage nach dem Zuspätkommen, er habe halt keine Uhr. Im folgenden Gespräch wurde ihm natürlich die Frage gestellt, ob er sich erklären könne, warum er keine Lehrstelle bekomme. Keine Ahnung war die Antwort! Wir mussten ihm dann klar machen, dass, wenn wir eine Lehrstelle frei hätten, er bei uns mit seinem Benehmen und in seiner Aufmachung keine Chance hätte. Nicht selten stiessen wir bei unseren Gesprächen auf Unverständnis. Der Zufall wollte es, dass ich am selben Nachmittag dieses vorher skizzierten Gesprächs über dieses Thema vor einem Gremium von Oberstufenlehrern referieren musste. Als ich aus aktuellem Anlass das Erlebte schilderte, wurde ich unterbrochen von der Frage eines Lehrers: „Ja, soll sich dieser Schüler denn verkleiden, wenn er eine Lehrstelle will?" Meine Gegenfrage war dann: „Wer möchte denn von wem etwas?"

Es wurden auch viele gute Ideen eingebracht damals, um die Problematik der lehrstellenlosen Jugendlichen zu lösen. Mühsam aus meiner Sicht empfand ich dann die stundenlangen, endlosen Sitzungen mit anderen betroffenen Ämtern oder mit Juristen und Controllern, an denen am Schluss manchmal die ursprüngliche Idee gar nicht mehr zu erkennen war!

Das Thema „zu wenig Lehrstellen" hat sich heute mehr oder weniger erledigt. Zum einen wurden tatsächlich viele Lehrstellen neu geschaffen und zum anderen kam die Demographie zu Hilfe, es sind weniger Schulabgänger, welche eine Lehrstelle suchen. Zwei Probleme bestehen weiterhin und werden sich nicht so schnell lösen lassen: Es gibt zu wenig fähige Schulabgänger für anspruchsvolle Berufe! Nicht zuletzt darum, weil sich viele Schülerinnen und Schüler mit gefülltem Rucksack für den Weg in die Mittelschule ent-

scheiden. Aber auch hier sollte man nicht jammern, sondern meiner Meinung nach über die Bücher gehen beim Selektionsprozess für zukünftige Lernende. Wer den Fokus zu stark auf die Schulnoten oder das Schulniveau setzt, schränkt den Kreis guter Bewerber zu stark ein. Selbstvertrauen, Interesse am Betrieb und die Bereitschaft, Neues zu lernen und sich zu engagieren, sind mindestens so erfolgversprechende Kriterien für eine gute Lehre.

Auch das zweite Problem ist nicht so einfach zu lösen: Berufe im Bauhauptgewerbe oder in Tieflohnberufen wie etwa Coiffeure, Köche oder im Verkauf werden weiterhin auf der Suche nach genügend Nachwuchs sein. Das Image eines Berufes oder die Aussicht, sich die Hände dreckig machen zu müssen, sind zwei Kriterien der Berufswahl, die an Gewicht gewonnen haben. Hier sind die Verbände und ihre Kommunikation gefordert!

Im Durchschnitt gibt es in der Schweiz bei den gewerblich-industriellen Berufen ungefähr 10% Lehrabbrüche. Tendenz steigend. Auch dies war und ist ein Thema für Politiker, um Fragen zu stellen und Massnahmen von den Ämtern zu fordern. Nur: So ist es nicht ganz! Diese 10% betreffen nicht nur die Lehrabbrüche, es ist einfach die Anzahl von Lehrvertragsauflösungen. Da wird nicht unterschieden zwischen Lehrwechsel, Lehraufgabe oder Umstieg in ein tieferes Niveau. Nicht bei jeder Lehrvertragsauflösung steht also dann ein arbeitsloser Lehrabbrecher auf der Strasse. Es dürften also wesentlich weniger sein. Trotzdem ist jeder Lehrabbruch einer zu viel und bringt Umtriebe mit sich. Ein Mittel dagegen habe ich schon beschrieben: Das Vorlehrjahr! Hier beschäftigt man sich mit dem zukünftigen Beruf, merkt, ob man geeignet ist, ob man als Bäcker eine Mehlallergie entwickelt, ob man die Anforderungen in der Berufsfachschule erfüllen kann etc. Ich glaube nicht an das immer wieder zitierte „verlorene" Jahr in der Ausbildung. Wenn man sich in einem Vorlehrjahr gegen eine spätere Lehre in diesem Beruf entscheidet, ist diese Entscheidung bewusst gefallen und man profitiert von dieser Erfahrung. Mir ist klar, dass eine Einführung eines Vorlehrjahres politisch kaum Chancen hat, für anspruchsvolle Berufe jedoch finde ich diese Idee, wie schon geäussert, prüfenswert.

Übrigens gibt es in der akademischen Ausbildung bei den Studenten laut einer neueren Untersuchung etwa 20%, welche ihre Studienrichtung wechseln oder abbrechen. So brechen beispielsweise im Bereich der Zahnmedizin gegen 30% der Studierenden das Studium ab oder wechseln in einen andern Fachbereich. Meines Wissens ist noch nie ein politischer Vorstoss gemacht worden und sind Massnahmen dagegen gefordert worden. Auch hier ist nicht untersucht worden, ob sie wirklich die Studienrichtung wechseln oder ob sie das Studium aufgeben. Der Unterschied zur Berufsbildung schlägt sich in den Kosten nieder. Während in der Berufsbildung ein Berufswechsel vorwiegend von den Lehrgeschäften und den Lernenden berappt wird, kostet ein Jahr studieren an einer Universität den Bund und die Kantone zwischen 10.000 und 20.000 Franken. Als Gegenmassnahme empfehlen die Verfasser der Studie ein sogenanntes Assessmentjahr in der betreffenden Studienrichtung, in dem man sich mit der gewählten Materie auseinandersetzen kann, welches man gut mit einem „Vorlehrjahr" vergleichen kann.

Ich möchte keineswegs hier die Berufsbildung und die akademischen Bildung gegeneinander ausspielen. Die Schweiz verfügt über zwei exzellente Bildungswege und beide braucht es! Dass die Schweizer Löhne zu den höchsten der Welt gehören, ist ein Verdienst von beiden Wegen. Dass die Wirtschaft hierzulande zunehmend dienstleistungsorientiert und wissensbasiert agiert und dass dafür zunehmend theoretisches Wissen erforderlich ist, ist zweifellos ein Verdienst der akademischen Ausbildung. Dass es dafür aber auch praxisnahe ausgebildete Fachkräfte braucht, ist die grosse Stärke der Berufsbildung. Und über die Berufsmatura und die Fachhochschulen steht den „Spätzündern" auch noch die höhere Bildung offen. Über die richtigen Anteile von Theorie und Praxis muss meiner Meinung nach der Markt entscheiden. Schade, dass diese von mir aus gesehen wichtige Tatsache in weiten Kreisen nicht anerkannt wird, nein, man ignoriert sie sogar! Dabei wird die Akademisierung der Bildung systematisch als Ziel einer Karriere und als Zaubermittel für mehr Wohlstand propagiert. Dieser politisch angetriebene Trend schafft jedoch strukturelle Probleme. Nicht zuletzt gehört daher die Berufslehre angesichts des Fachkräftemangels verteidigt und gefördert.

Fragwürdig erscheint mir auch, dass die Deutungshoheit über die Frage „Was ist Bildung?" mehr und mehr internationalen Organisationen und ihren Beamten überlassen wird! Ihr Credo „mehr akademische Abschlüsse" hat nichts mit sozialer Gerechtigkeit, sondern mit falscher Politik zu tun.

Als Amtsleiter war ich auch von Amtes wegen in der Prüfungskommission. Das ist ein Gremium, welches die Aufgabe hat, die Lehrabschlussprüfungen zu organisieren und zu überwachen. Eine fast schon gigantische Aufgabe! Eine Aufgabe, die bei jeder Revision eines Berufes wächst. Denn alle Berufsverbände revidieren nicht nur ihre Berufsverordnungen, sondern auch die Verordnungen zur Lehrabschlussprüfung, heute Qualifikationsverfahren genannt. Und diese Verfahren werden immer aufwendiger und komplizierter! Und vor allem teuer! Tausende von Experten müssen antraben, meistens mehrere Tage, um festzustellen ob jemand den Anforderungen eines Berufes gewachsen ist oder nicht. Meistens finden dann die schulischen Prüfungen schon im April oder Mai statt. Aus der Zeit als Berufsfachschullehrer weiss ich, dass dann die Lernenden nicht mehr in den Unterricht kommen, wenn die Abschlussprüfung passiert ist. Dabei gibt es während der Lehre oft Zwischenprüfungen, Ausbildungsberichte, alle Semester ein Zeugnis der Berufsfachschule, also Gelegenheiten genug, um festzustellen, ob jemand fähig ist oder nicht!

Delegation der schulischen Abschlussprüfung an die Berufsfachschulen, Reduktion der praktischen Prüfung auf maximal zwei Tage und vermehrte Berücksichtigung der Praxisberichte für die Notenerteilung wären meine Vorschläge zu einer notwendigen Straffung aller Qualifikationsverfahren.

In meine Zeit als Amtsleiter fiel die Einführung und Umsetzung des 2002 beschlossenen, neuen Berufsbildungsgesetzes. Es sollte neben anderem die Durchlässigkeit im Berufsbildungssystem fördern, die Anerkennung von ausserberuflich erworbenen Lernleistungen regeln, die „höhere Berufsbildung" definieren und ein neues leistungsorientiertes Finanzierungssystem eingeführt werden. Parallel dazu wurden die alten Berufsreglemente aller Berufe überarbeitet und in Ausbildungsverordnungen überführt. Eine gewaltige Arbeit!

Eine meines Erachtens ganz wichtige Neuerung war die Schaffung der Attestlehre. Sie ist gedacht für eher praktisch begabte junge Menschen, welche in einer zweijährigen Lehre die Basis für einen späteren Abschluss in einer Lehre mit eidgenössischem Fähigkeitszeugnis legen können. In der Praxis sieht das so aus: Sie beginnen eine Attestausbildung als Maler und schliessen diese nach zwei Jahren ab. Danach können sie in einer „Normallehre" als Maler im zweiten Lehrjahr einsteigen und dort dann die Lehre beenden. Sie erlangen also das Fähigkeitszeugnis als Maler in vier statt in drei Jahren. Oft durfte ich erleben, wie sogenannte „Spätzünder“ diesen Weg gewählt haben und dann die Lehre erfolgreich beendet haben. Ein tolles Beispiel für die im neuen Berufsbildungsgesetz geforderte Durchlässigkeit im Berufsbildungssystem!

Berufsverbände sind wichtige Partner in der Berufsbildung. Sie bestimmen, was ihre zukünftigen Berufsleute wissen und können müssen. Sie bestimmen die Inhalte und Verfahren in ihren Ausbildungsverordnungen und Prüfungsreglementen weitgehend. Dass dies auch finanzielle Auswirkungen hat, ist ihnen klar. Doch dass diese Kosten grösstenteils vom Staat getragen werden müssen, scheint sie manchmal nicht zu kümmern. So hatte ich in meiner Tätigkeit als Amtsleiter oft Gesuche für die Finanzierung von neuen Bildungsinhalten oder Ausbildungszentren der etwa 250 verschiedenen Berufe auf dem Tisch. Immer wieder musste ich mir anhören, dass für die Gymnasien viel Geld investiert würde und für die Berufsbildung kein Geld da sei. Immer wieder wurde darauf hingewiesen, dass Berufsbildung erst an zweiter Stelle käme und dass sie benachteiligt würden. Diese Forderungen gipfelten meines Erachtens in einer Kampagne in einem Nachbarkanton, als sich Ausbildungsbetriebe zusammentaten unter dem Titel: „Die Zukunft sähe schwarz aus, wenn wir nicht ausbilden würden!“ Ich habe nie erfahren, was sie damit genau meinten. Ich vermute, dass sie darauf hinweisen wollten, welche Aufwände sie hätten, wenn sie Lehrlinge ausbilden würden. Dass das viel Geld kosten würde und dass sie mehr Geld vom Staat erhalten sollten wegen ihren grossen Investitionen. Dass sie es so gemeint haben, bestätigte mir ein Besuch beim Coiffeur. Auf meine Frage, ob er auch Ausbildner sei und Lehrlinge habe, sah er mich entsetzt an und sagte, das sei viel zu teuer! Er habe in der Gewerbezeitung gelesen, dass die Ausbildung eines Lehrlings um die 100.000 Franken kosten würde. Das sei ihm viel zu teuer.

Über Kosten und Nutzen der Lehrlingsausbildung habe ich mich schon geäussert und sie sind in diversen wissenschaftlichen Studien belegt.

Ich vermute, dass den Erfindern des Slogans „Die Zukunft sähe schwarz aus, wenn wir nicht ausbilden würden!“ nicht bewusst ist oder war, dass man das auch anders, in meinen Augen richtiger interpretieren könnte: Die Zukunft für viele Lehrgeschäfte sähe schwarz aus, wenn sie nicht Lehrlinge ausbilden könnten. Es sollte einmal deutsch und deutlich gesagt werden, dass etliche Kleinbetriebe nur überleben, weil sie Lehrlinge ausbilden und viele Arbeiten und Dienstleistungen von Lehrlingen ausführen und zu marktüblichen Preisen verrechnen können.

Im Grossen und Ganzen konnte ich mir als Leiter dieses Amtes einen Überblick über die Leistungen aller Beteiligten in der Berufsbildung verschaffen und die sind gewaltig! Was da in Berufsfachschulen, Lehrwerkstätten, Lehrbetrieben und Ämtern für die etwa 70% der Schweizer Jugend geleistet wird, ist beeindruckend. Selbstverständlich kommen die fachlichen Fähigkeiten, welche den Lernenden mitgegeben werden, den Lehrbetrieben zugute. Sie und ihre Geschäfte profitieren davon und wir als Konsumenten auch, indem wir Produkte und Dienstleistungen von hoher Qualität zur Verfügung haben. Mein Anliegen war auch, die andere Seite aufzuzeigen, die Seite, welche in der Gesellschaft meiner Meinung nach zu wenig wahrgenommen wird. Zu zeigen, welche Grundwerte den jungen Menschen mitgegeben werden, wenn sie eine Lehre machen. Diese Grundwerte kommen ja dann der Allgemeinheit, also unserer Gesellschaft, zugute, wenn diese Menschen später irgendwelche Ämter oder Positionen in ihren Wohngemeinden oder Vereinen bekleiden. Auch versuchte ich aufzuzeigen, welche Möglichkeiten Absolventen einer Lehre heute haben. Die ganze Berufswelt steht ihnen offen! Und noch einmal: Aus meiner Sicht gibt es in dieser Lebensphase keine „verlorenen“ Jahre. Zwischenjahre, in denen man merkt, dass ein Beruf nicht das Richtige für einen ist, sind wertvoll, man entscheidet sich dann viel bewusster für einen Neuanfang in einem andern Fachgebiet.

Schlusswort

Zum Abschluss gestatte ich mir aus meiner Sicht, einen Blick in die Zukunft der Berufsbildung in der Schweiz zu werfen.

Die demographische Entwicklung mit sinkenden Zahlen der Jugendlichen, der Wettbewerb um die „guten“ Lehrlinge, die Digitalisierung, aber auch die wachsende Bedeutung der Wissensgesellschaften zeigen auf, dass die Berufsbildung vor einer neuen Bewährungsprobe steht. Die Lehre ist sicher von allen Teilen des Bildungssystems am engsten mit dem Arbeitsmarkt verflochten und deshalb auch vom Strukturwandel in der Wirtschaft direkt betroffen. Deshalb fände ich es nötig, einige Reformen anzustreben und schrittweise in Zusammenarbeit mit allen Beteiligten einzuführen. Dabei soll das duale oder triale Modell nicht grundsätzlich in Frage gestellt werden. Dabei geht es mir um folgende grundsätzliche Dinge, die bedacht werden müssten:

In Zukunft sollte oberstes Ziel die Förderung von Flexibilität und Mobilität der Lernenden sein. Der technisch-wirtschaftliche Fortschritt, der Strukturwandel und die erhöhten Anforderungen an die berufliche und räumliche Mobilität erfordern eine Verstärkung der Allgemeinbildung. Im Vordergrund stehen für mich die Vermittlung von Fremdsprachen, Informationstechnologien, aber auch je nach Beruf Mathematik und Naturwissenschaften.

Dazu braucht es meiner Meinung nach eine Flexibilisierung der zeitlichen Aufteilung zwischen betrieblichem Lernen und der Berufsfachschule. Die typische Präsenzzeit im Betrieb von vier Tagen sollte je nach Beruf im Sinne von Innovation hinterfragt werden. Natürlich werden Lehrbetriebe nicht begeistert sein, wenn ihre Lernenden noch mehr im Betrieb abwesend sein sollen. Den gleichen Einwand haben sie bereits bei der Einführung der Berufsmatura gemacht. Den Lehrlingen werde es an Praxis fehlen und ein erfolgreicher Abschluss der Lehre sei gefährdet. Untersuchungen bei Lehrabschlussprüfungsresultaten haben aber das Gegenteil bewiesen. Zudem könnte die Problematik der Präsenzzeit im Betrieb mit langfristig planbarem Blockunterricht entschärft werden. Und nicht zuletzt könnte eine neue Aufteilung des zu vermittelnden Stoffes zwischen Lehrbetrieb, Einführungskursen und Berufsfachschulen ebenfalls zu einer für alle akzeptierbaren Lösung führen.

Eine andere Rahmenbedingung zu überdenken ist meiner Ansicht nach ebenfalls nötig für die Gestaltung der Zukunft in der Berufsbildung: Die Straffung und Vereinfachung der rund 220 Lehrberufe. Eigentlich war eine Zusammenfassung ähnlicher Berufe in sogenannte Berufsfelder schon bei der Schaffung des neuen Berufsbildungsgesetzes ein Teilziel. Doch eine allgemein akzeptierte Unterteilung der Lehrgänge in klare Berufsfelder existiert bis heute nicht. Dabei hätte dies Vorteile für alle Akteure: Der Arbeitsmarkt hätte flexiblere und breiter einsetzbare Lehrabgänger; die angebotenen Lehrberufe würden übersichtlicher; das ganze System würde effizienter: Die Zusammenarbeit zwischen Berufsfachschulen und Verbänden würden optimiert.

Noch ein Wort zum Thema „Berufsbildung in andere Länder exportieren". Dies wird nicht so einfach sein. Obschon viele Länder unsere Berufsbildung für vorbildlich halten, kann man sie nicht einfach verpflanzen. Sie funktioniert nur, wenn eine Gesellschaft dafür bereit ist. In vielen Ländern ist eine breite Mittelschicht nicht bereit, ihre Kinder in eine Lehre zu schicken, sie gelten als Verlierer. Diese Optik zu verändern braucht Generationen und kann nicht von der Schweiz aus beeinflusst werden. Ein Beispiel: Die Caritas versuchte im Kosovo Berufsbildungsprojekte umzusetzen. Die dortigen Behörden begrüssten freudig die Bestrebungen des Hilfswerkes. Nur von Berufsbildung wollten sie zunächst nichts wissen. Gefragt von ihrer Seite waren universitäre Lehrgänge. Das Argumentarium der Caritas musste zurechtgebogen werden und es wurde geraten, Berufsausbildungen unter dem Image-Dach einer Universität anzubieten.

Die Berufsbildung hat sich bisher durch eine grosse Anpassungsfähigkeit im Sinne von einzelnen kleinen Reformen ausgezeichnet, doch ob diese Fähigkeit ausreicht, ob nicht einmal grössere Reformen in Angriff zu nehmen sind, muss die Zukunft zeigen. Ziel wäre es ja, dass das schweizerische Berufsbildungssystem weiterhin zu den besten der Welt gehört!

Epilog

„Was machst denn du eigentlich wenn du pensioniert wirst?“, fragte mich einer meiner Söhne. „Willst du nicht für mich unser Bier brauen?“

Er ist inzwischen Inhaber eines wunderbaren Hotels mit zwei gut laufenden Restaurants. Sie produzieren fast alle Lebensmittel selbst und er hatte schon lange die Idee, für seine Restaurants ein eigenes Bier zu brauen. Ich hatte keine Ahnung, wie man Bier braut, und war selbst auch kein grosser Biertrinker. Ich erbat mir etwas Zeit, um mich kundig zu machen.

Eigentlich hatte ich mir meinen Ruhestand anders vorgestellt. Wir besitzen ein kleines Ferienhaus im Tessin und dort wollte ich mich vermehrt aufhalten. Besonders wenn es im Norden kühl und nass wird und die Wetterprognosen „im Süden sonnig“ versprechen, stellte ich mir vor, die Sachen zu packen und nach Agno zu fahren.

Ich kaufte mir also Literatur über das Bierbrauen, schaute mir im Internet Filme an und besuchte einen Schnupperkurs mit andern Hobbybrauern in Deutschland. Dort stellten wir an einem Tag ein Bier her und ich kam mit dem Instruktor des Kurses ins Gespräch und stellte ihm natürlich viele Fragen rund um unser Bierprojekt.

Etwa gleichzeitig wurde uns eine Occasionsbrauanlage aus dem Bernbiet angeboten. Zusammen mit meinem Sohn besuchte ich den Braumeister. Er war ein Quereinsteiger, hatte Erfolg mit seinem Bier und musste eine grössere Anlage anschaffen. Dieser Besuch sollte entscheidend sein für meine Zusage zum Projekt. Er hatte immer als Hobby in seiner Garage Bier gebraut für den Eigengebrauch. Mit 50 Jahren verlor er seine Stelle und hatte Mühe, wieder eine ihm entsprechende Arbeit zu finden. Seine Kollegen und Freunde haben ihm Mut gemacht, es doch mit Bierbrauen zu versuchen. Mit Anteilscheinen, die er Bekannten und Verwandten verkaufte, finanzierte er seine Brauanlage und betreibt heute eine gut laufende kleine Brauerei. Er beliefert in seiner Umgebung mehrere Restaurants, organisiert bei sich verschiedene Bieranlässe und kann davon leben.

Nach diesem Besuch war es für mich eigentlich klar, dass ich es mir zutraute, auch so eine Anlage zu betreiben. Ich hatte mir inzwischen etwas Wissen über die Bierherstellung erarbeitet und sagte auf der Heimfahrt meinem Sohn zu.

Wo aber wollten wir unser Bier brauen? Wir brauchten Platz und der ist auch heute noch Mangelware im Hotel. Wir prüften verschiedene Standorte, die Zeit verstrich und unser Angebot der Occasionsbrauerei konnten wir nicht annehmen, weil wir einfach keinen geeigneten Standort finden konnten.

Auf das Naheliegenste kamen wir erst nach ein paar Monaten: Im Keller des Hotel befand sich zwischen alten Stadtmauern das Weinlager. Wir beschlossen, das Weinlager zu verkleinern und extern ein grösseres Lager zu mieten, um dort einen grossen Teil des Weines und andere Sachen zu lagern. Im „Stadtmauerkeller" wollten wir die Brauerei einrichten.

Im November 2015 liess ich an einer Braumesse in Nürnberg drei Offerten für eine 300-Liter-Brauanlage ausarbeiten, im Januar 2016 bestellten wir die Anlage und mussten bis August auf die Installation warten.

In der Zwischenzeit musste der Braukeller eingerichtet werden. Eine Trennmauer wurde eingezogen, die Elektroinstallation wurde wasserfest gemacht, die Lüftung verstärkt und ergänzt, ein Kanalisationsablauf wurde erstellt und verschiedene Sachen mussten angepasst werden, damit sie den hygienischen Vorschriften eines Produktionsbetriebes entsprachen. Die ganzen Vorbereitungsarbeiten dauerten ein halbes Jahr und ich empfand es als anspruchsvoll, die verschiedenen Arbeiten zu koordinieren und zu leiten.

Ich selber durfte bei Kollegen auf ähnlichen wie der von uns bestellten Anlage mitbrauen und eignete mir damit etwas Erfahrungen an. Das war auch bitter nötig, denn wenn das Bier nicht gut würde, wäre das ja verkraftbar, aber wenn Teile der Anlage kaputt gingen durch falsche Bedienung, wäre das sehr teuer.

Bei den Bierkursen merkte ich übrigens, wie mir mein ursprünglich gelernter Beruf des Chemielaboranten nützlich war. Mir musste man nicht erklären, was der pH-Wert ist und was eigentlich bei der Alpha- und Beta-Amylase in der Braupfanne passiert. Vieles auch bei der Reinigung und Desinfektion der Brauanlage war mir bekannt und ich konnte es sofort anwenden.

Obwohl eigentlich alles gut lief, stellten sich, je näher der Installationstermin auf uns zukam, Zweifel ein. Was, wenn die Anlage nicht in den Lift passt, wenn ich falsch gemessen hatte? Was, wenn die elektrische Absicherung nicht genügend ist? Manchmal hatte ich fast ein wenig Angst vor dem eigenen Mut, so etwas ganz alleine auf die Beine zu stellen. Vor allem die „Was-wenn-Frage" bezüglich der Herstellung von Bier machte mir zu schaffen. Das Bier musste gelingen! Die Restaurants meines Sohnes haben einen ausgezeichneten Ruf, da konnte man nicht ein 08/15-Bier herstellen!

Im Juli 2016 fuhren meine Frau und ich in die Münchner Gegend ein paar Tage in den Urlaub.

Das Ziel München war natürlich nicht zufällig. Im Internet habe ich Kleinbrauereien in der Gegend um unser Hotel gesucht, die Adressen aufgeschrieben und sie im Urlaub besucht. Mein Ziel war es, einen „Götti" für unser Bier zu suchen. Einen Fachmann zu finden für meine Fragen rund um das Bierbrauen. Wir haben danach mehrere Brauereien besucht. Entweder waren sie zu gross oder wir kamen nicht an die entsprechenden Menschen heran. Eine Brauerei hatten wir noch auf der Liste. Ich hatte schon aufgegeben, meine Frau hat mich überredet, doch noch 30 km zu fahren und den Max zu besuchen. Seither ist Max, ein junger, bestens ausgebildeter Braumeister, unser Berater und Bierfreund.

Am ersten September 2016 war die Anlage eingebaut und wir brauten unser erstes Bier. Alle meine Bedenken hatten sich in Luft aufgelöst, die Brauanlage funktionierte! Etwa zehn Versuche haben wir gebraucht, um unser Bierrezept für unser Helles zu kreieren. Die Köche und Servicefachleute haben die Ergebnisse unserer Versuche jeweils degustiert und uns die richtige Richtung für unser Bier gezeigt.

Seit dem Januar 2017 brauen mein Schwiegersohn, ausgebildeter Sozialpädagoge, und ich nun für unsere Restaurants das eigene Bier. Im März kam ein dunkles Bier dazu, die Nachfrage ist gestiegen und wir mussten mehr Tanks anschaffen und die Produktion verdoppeln.

Viele Gäste möchten die Brauanlage sehen und vor dem Essen ein Glas frisches Bier aus dem Tank degustieren. Ich erkläre ihnen dann kurz die Bierherstellung. Manche von ihnen wollen von mir wissen, was ich denn vor meiner Pensionierung getan habe. Ich berichte dann gerne von meiner Berufszeit, lasse sie aber immer wissen, wie befriedigend diese Arbeit jetzt für mich ist. Mit einem Augenzwinkern füge ich dann bei, dass es das erste Mal sei, wo ich etwas „Richtiges" mache in meinem Leben! Ein Produkt, welches man anfassen und sogar geniessen kann.

Von meiner Pensionierungsvision ist nicht viel übriggeblieben. Wir waren noch nie so wenig im Tessin. Trotzdem bin ich meinem Sohn für immer dankbar, dass er mich zum Brauen überredet hat!

Für mich hat sich damit ein Kreis geschlossen. Wieder bin ich bei einem Beruf angelangt. Ich bin überzeugt davon, dass ich dieses Projekt nicht ohne meine erste Berufsausbildung geschafft hätte. Immer wieder bin ich in diesen zwei Jahren auf Sachen gestossen welche ich in meiner Lehre gelernt habe oder bei der Arbeit im Labor erfahren durfte. Jetzt bin ich also trotz nur einer Lehre noch etwas „Rechtes" geworden!

FRANZ WYNIGER, geboren 1950. Er wächst als Jüngstes von vier Kinder in Gerlafingen Kanton Solothurn auf. Wohnt seit 1981 in Muttenz BL. Er ist verheiratet und Vater von drei Kindern. Sein ältester Sohn ist im Buch erwähnt. Der zweite Sohn durfte seine Leidenschaft zur Musik insbesondere der Reggaemusik zum Beruf machen, er arbeitet als Radiomann. Die Tochter ist in einer namhaften Firma in leitender Stellung im Sponsoring tätig. Alle sind verheiratet. Er ist achtfacher Grossvater.